¡TRÁGATE ESE SAPO! PARA ESTUDIANTES

BRIAN TRACY
CON ANNA LEINBERGER

¡TRÁGATE ESE SAPO!
PARA ESTUDIANTES

22 formas para dejar de dar vueltas
y tener éxito en los estudios

EMPRESA ACTIVA

Argentina – Chile – Colombia – España
Estados Unidos – México – Perú – Uruguay

Título original: *Eat that frog! for Students*
Editor original: Berrett Koehler Publishers Inc.
Traducción: Paula Costa Ruster

1.ª edición Enero 2022

Copyright © 2021 *by* Brian Tracy
First published by Berret-Koehler Publishers, Inc., San Francisco, CA, USA.
All Rights Reserved
© 2022 *by* Ediciones Urano, S.A.U.
 Plaza de los Reyes Magos, 8, piso 1.° C y D – 28007 Madrid
 www.empresaactiva.com
 www.edicionesurano.com

ISBN: 978-84-16997-50-3
E-ISBN: 978-84-18480-53-9
Depósito legal: B-18.235-2021

Fotocomposición: Ediciones Urano, S.A.U.

Impreso por Romanyà Valls, S.A. – Verdaguer, 1 – 08786 Capellades (Barcelona)

Impreso en España – *Printed in Spain*

Índice

PRIMERA PARTE
Los tres pilares del éxito

SEGUNDA PARTE
Aprender a estructurar tu propio tiempo

TERCERA PARTE
Estudiar algo que no te interesa y hacerlo bien

CUARTA PARTE
La presión de los logros

QUINTA PARTE
Cómo afrontar el estrés de forma proactiva y qué lo causa

Prefacio

Gracias por elegir este libro. Espero que estas ideas te ayuden tanto como me han ayudado a mí y a miles de personas. De hecho, espero que este libro cambie tu vida para siempre. Tal vez un padre o un profesor te lo haya regalado, y si es así, ¡gracias por darle una oportunidad y por comprometerte con tu futuro!

Es un momento increíble para ser estudiante. Nunca antes en la historia ha habido tantos recursos disponibles, tantas oportunidades y tanto potencial. Hace tiempo, el único recurso del que disponían los alumnos era su profesor, y tal vez una biblioteca si tenían suerte. Todo lo que podían hacer los estudiantes era aprender de su profesor e investigar en la biblioteca, limitándose a los libros que hubiera en esa colección.

Hoy en día, el aprendizaje solo está limitado por lo mucho o poco que uno decida dedicarse a ello. A través de cualquier aparato informático (el tuyo, el de la biblioteca, el que te dan en la escuela) tienes acceso a recursos educativos que tus padres solo podían imaginar. Más que en cualquier otro momento de la historia, tienes los recursos y la capacidad de controlar tu propio aprendizaje.

Si estás leyendo este libro en el instituto, en la universidad o incluso en la escuela de posgrado, este es un momento decisivo en tu vida. Es un momento en el que tus padres deciden cada vez menos lo que debes hacer y tú tomas cada vez más decisiones. Estás en la cúspide de una vida extraordinaria… si decides aprovechar la oportunidad.

Empieza aquí: Nunca habrá tiempo suficiente

Con todas las exigencias de tiempo que tienes en la escuela y fuera de ella, puede que ya te sientas abrumado por todas tus responsabilidades. Pero la realidad es que nunca habrá tiempo suficiente para hacer todo lo que tienes que hacer. Esto es cierto en tu época de estudiante, y lo será aún más cuando te incorpores al mundo laboral. Por si las clases no fueran suficientes, te verás desbordado por todo lo que conlleva ser estudiante hoy en día: un trabajo a tiempo parcial o unas prácticas, deportes, servicios comunitarios, las artes o cualquier otra de las millones de actividades y oportunidades de liderazgo que reclaman tu atención.

Esta es la realidad: puedes conseguir el control de tu tiempo y de tu vida solo si cambias tu forma de pensar, de trabajar y de enfrentarte al interminable río de responsabilidades que fluye sobre ti cada día. Puedes tomar el control de tus tareas y actividades solo en la medida en que dejes de hacer algunas cosas y empieces a dedicar más tiempo a las pocas actividades que realmente pueden marcar la diferencia en tu vida.

He estudiado la gestión del tiempo durante más de cuarenta años. Me he sumergido en las obras de Peter Drucker, Alec Mackenzie, Alan Lakein, Stephen Covey y muchos, muchos otros. He leído cientos de libros y miles de artículos sobre eficiencia y eficacia personal. Este libro es el resultado.

Cada vez que encontraba una buena idea, la probaba en mi trabajo y en mi vida personal. Si funcionaba, la incorporaba a mis charlas y seminarios y se la enseñaba a otros.

Galileo dijo una vez: «No se puede enseñar nada a un hombre; solo se le puede ayudar a encontrar la respuesta dentro de sí mismo».

Aprender de la gente de éxito

Sencillamente, a algunas personas les va mejor que a otras porque hacen las cosas de forma diferente y hacen bien las cosas correctas. Especialmente, las personas exitosas, felices y prósperas utilizan su tiempo mucho, mucho mejor que la persona promedio.

Vengo de un entorno poco exitoso. Al principio de mi vida desarrollé un profundo sentimiento de inferioridad e insuficiencia. Había caído en la trampa mental de suponer que las personas a las que les iba mejor que a mí eran realmente mejores que yo. Lo que aprendí fue que eso no era necesariamente cierto. Simplemente hacían las cosas de forma diferente, y lo que ellos habían aprendido a hacer, dentro de lo razonable, yo también podía aprenderlo.

Esto fue una revelación para mí. Este descubrimiento me sorprendió y emocionó. Todavía lo estoy. Me di cuenta de que podía cambiar mi vida y alcanzar casi cualquier objetivo que me propusiera si simplemente averiguaba lo que otros hacían en ese ámbito y luego lo hacía yo mismo hasta obtener los mismos resultados que ellos.

Al año de empezar a trabajar en ventas, ya era el mejor vendedor. Un año después me nombraron director. En tres años, me convertí en vicepresidente a cargo de una fuerza de ventas de noventa y cinco personas en seis países. Tenía veinticinco años.

Una simple verdad

A lo largo de mi carrera, he descubierto y redescubierto una verdad sencilla. La capacidad de concentrarse en la tarea más importante, de hacerla bien y de terminarla por completo, es la clave del éxito, los logros, el respeto, el estatus y la felicidad en la vida. Esta idea clave es el corazón y el alma de esta obra.

Este libro está escrito para mostrarte cómo avanzar más rápidamente en tus estudios. Estas páginas contienen los principios más poderosos que he descubierto sobre la eficacia personal.

Estos métodos, técnicas y estrategias son prácticos, probados y rápidos. En aras del tiempo, no me detengo en las diversas explicaciones psicológicas o emocionales de la procrastinación (dejar las cosas para más adelante) o la mala gestión del tiempo. No hay largas desviaciones hacia la teoría o la investigación sobre este tema. Lo que aprenderás son acciones específicas que puedes llevar a cabo inmediatamente para obtener resultados mejores y más rápidos en tu trabajo y para aumentar tu felicidad.

Todas las ideas de este libro se centran en aumentar tus niveles generales de productividad, rendimiento y resultados, y en hacerte más valioso en cualquier cosa que hagas.

Puedes aplicar estas ideas a cualquier tarea o actividad que tengas. Se centran principalmente en las clases y los estudios, pero también pueden utilizarse para gestionar el tiempo que dedicas a practicar un instrumento, motivar tu rendimiento en un equipo deportivo, gestionar tu tiempo en un trabajo a tiempo parcial y gestionar tu tiempo en general, mientras equilibras todas las diferentes actividades integrales que realizas.

Este libro fue escrito para ser un recurso que te ayude en cualquier área de tu vida en la que tengas problemas. No creas que necesitas leerlo de principio a fin después de los tres primeros capítulos, sino que deberías mirar la tabla de contenidos e ir directamente a cualquier parte o capítulo que te parezca más útil en un momento dado. Los recursos de este libro se han organizado cuidadosamente para ayudarte con lo que los alumnos de las aulas actuales consideran sus mayores retos. De hecho, algunas de las técnicas pueden ser útiles en varios ámbitos, por lo que, aunque cada capítulo tiene algo nuevo que ofrecer, es posible que veas técnicas similares sugeridas en varias partes.

En todos estos ámbitos, sin embargo, la única clave del éxito es la acción. Estos principios funcionan para lograr mejoras rápidas y predecibles en el rendimiento y los resultados. Cuanto más rápido los aprendas y los apliques, más rápido avanzarás en tu educación, ¡garantizado!

No habrá límite para lo que puedas lograr cuando aprendas a ¡*Tragarte ese sapo!*

Introducción:
¡Trágate ese sapo!

La técnica que da título a este libro es una de las más poderosas técnicas de productividad personal que jamás aprenderás. De hecho, si utilizas esta única táctica cada día durante el resto de tu vida, multiplicarás por diez tu productividad. Ya solo esta técnica hará que la lectura de este libro te reporte unos resultados que apenas puedes imaginar.

Si eres como la mayoría de los estudiantes de hoy en día, estás sobrecargado con demasiadas cosas que hacer y muy poco tiempo. Mientras luchas por ponerte al día, las nuevas tareas y responsabilidades no dejan de llegar, como las olas del océano. Las admisiones universitarias son más competitivas que nunca. Las buenas notas son necesarias, pero no suficientes. El liderazgo, el voluntariado y la demostración de un conjunto completo de intereses y logros también son necesarios. Si la universidad no es tu objetivo, trabajar a tiempo parcial en el campo que elijas mientras estudias te mantendrá igual de ocupado.

Voy a contarte un hecho sobre la vida que la mayoría de la gente no aprende hasta que es mucho mayor. Este hecho es que nunca podrás hacer todo lo que tienes que hacer.

Nunca podrás participar en todas las oportunidades o actividades que se te presenten.

Muchas de las actividades extracurriculares que realices tendrán un impacto importante en tu futuro. Pueden mejorar tus solicitudes universitarias, o pueden ser una forma de adquirir experiencia en un trabajo elegido mientras sigues estudiando. Tienes acceso a un gran número de actividades posibles, lo que es a la vez maravilloso y arriesgado. Estas actividades paralelas pueden ser una fuente de agobio para muchos estudiantes, algo que se traduce en compromisos de tiempo y prioridades que compiten con los estudios.

Estas oportunidades son maravillosas porque te ofrecen lugares para demostrar tu capacidad de liderazgo. Te ofrecen la oportunidad de aportar tus propias ideas, gestionar tus propios proyectos, destacar como deportista, capitán de equipo, músico, editor de una publicación escolar o voluntario... las posibilidades son infinitas.

El riesgo está también en que las posibilidades son infinitas. Es fácil dejarse arrastrar a decir que sí a todas las actividades, a todos los clubes y a todos los deportes hasta ahogarse en compromisos. Es importante deliberar bien sobre las actividades que eliges y asegurarte de que estás sacando el máximo provecho de cada compromiso que haces. Debes ser estratégico: cada actividad debe ser elegida teniendo en cuenta tus objetivos más grandes y enfocados al futuro.

La necesidad de ser selectivo

Por esta razón, y quizás más que nunca, tu capacidad para seleccionar tu tarea más importante en cada momento, y luego ponerte a trabajar en esa tarea y hacerla rápido y bien, probablemente tendrá más impacto en tu éxito y tu futuro que cualquier otra cualidad o habilidad que puedas desarrollar.

Una persona promedio que desarrolle el hábito de establecer prioridades claras y realizar las tareas importantes con rapidez dará cien vueltas a un genio que habla mucho y elabora planes maravillosos pero que hace muy poco.

La verdad sobre los sapos

Se ha dicho que si lo primero que haces cada mañana es tragarte un sapo vivo, puedes pasar el día con la satisfacción de saber que eso es probablemente lo peor que te va a pasar en todo el día.

Tu «sapo» es tu tarea más grande, la más importante, la que más probablemente procrastinarás (más postergarás) si no haces algo al respecto. También es la tarea que puede tener el mayor impacto positivo en tu vida y en tus resultados en ese momento.

Con el tiempo, una vez que tengas un trabajo, podrás abordar tu sapo a primera hora de la mañana. Sin embargo, como estudiante, normalmente estarás en clase a primera hora de la mañana y tu tiempo estará reservado. Tendrás que tragar tus sapos según tu horario de estudio.

La primera regla para tragar sapos es esta: piensa en tus sapos en el contexto del tiempo que tienes para estudiar. Los fines de semana, puedes tragarte el sapo a primera hora de la mañana. En otras ocasiones, como siempre tu sapo al principio de cualquier sesión de estudio. Cuando te sientes a hacer los deberes por la noche, trágate siempre el sapo primero. Cuando tengas tiempo de estudio, trágate el sapo primero.

¿Con qué sapo sigo?

La segunda regla para tragar sapos es esta: si tienes que tragar dos sapos, cómete primero el más feo.

Esta es otra forma de decir que, si tienes dos tareas importantes por delante, empieza primero por la más grande, la más difícil y la más importante. Disciplínate para empezar inmediatamente y persistir hasta que la tarea esté completa antes de pasar a otra cosa.

Piensa en esto como una prueba. Trátalo como un reto personal. Resiste la tentación de empezar por la tarea más fácil. Recuérdate continuamente que una de las decisiones más importantes que tomas cada día es qué harás inmediatamente y qué harás después, si es que vas a hacerlo siquiera.

La tercera regla para tragar sapos es la siguiente: si tienes que comer un sapo vivo, no vale la pena sentarse a mirarlo durante mucho tiempo.

La clave para alcanzar altos niveles de rendimiento y productividad es desarrollar el hábito de por vida de abordar primero la tarea principal. Debes desarrollar la rutina de «tragarte el sapo» antes de hacer cualquier otra cosa y sin estarte demasiado tiempo pensando en ello.

Actuar inmediatamente

Las personas exitosas y eficaces son aquellas que se lanzan directamente a sus tareas principales y luego se disciplinan para trabajar con constancia y determinación hasta completarlas. Se ha demostrado una y otra vez que la cualidad de «orientación a la acción» destaca como el comportamiento más observable y consistente que tienen en común las personas de éxito. Tu capacidad para actuar sin necesidad de estar en una sala de estudio o sin los recordatorios de un compañero, especialmente una vez que comienzas la universidad, será el factor más impactante para que tengas éxito en tus clases. Es importante empezar a crear estos hábitos lo antes posible. Cuanto antes empieces, más fácil será mantener estos hábitos a lo largo de tu vida.

Una nota sobre la tecnología

Empecé mi vida con muy pocas ventajas. De hecho, ¡ni siquiera terminé el instituto! Al final obtuve un máster en administración de empresas, pero mis primeras experiencias han sido una poderosa inspiración en mi vida. He escrito setenta y cinco libros, y para mí es importante que cada uno de ellos sea accesible a todas las personas con pasión por mejorar su vida y a sí mismas.

Muchos distritos escolares bien financiados y escuelas privadas integran plenamente la tecnología en el aprendizaje diario. Sin embargo, en muchas escuelas del país, los alumnos apenas tienen acceso a la tecnología. Es posible que tu escuela dé a cada alumno un ordenador portátil, pero tal vez hagas todo tu trabajo tecnológico con portátiles que deben ser compartidos por un gran número de estudiantes. No importa el nivel de acceso a la tecnología que tengas, este libro es para ti.

Con todo esto en mente, las herramientas de este libro han sido escritas para centrarse en la metodología y la teoría, no en la forma de aplicación. Dos capítulos tratan explícitamente sobre la tecnología, pero la mayoría de las herramientas que se presentan aquí se han redactado de forma que cualquier persona con un simple lápiz y un trozo de papel pueda utilizarlas al máximo.

Sin embargo, los sistemas de seguimiento digital o las aplicaciones pueden ser excelentes vehículos para aplicar los métodos de este libro, y el número de ayudas disponibles para los estudiantes es enorme. La elección de las herramientas adecuadas y su uso inteligente es absolutamente esencial para aumentar tu productividad. Los dos capítulos sobre tecnología ofrecen orientación al respecto.

Y no importa cómo decidas poner en práctica los consejos de este libro, los objetivos más importantes siguen siendo que pases a la acción inmediatamente, que completes el 100 % de cada tarea que inicies y que asumas la plena responsabilidad de tu persona y de tus aspiraciones. Todo lo demás son detalles.

Tomar el control de tu educación

Gracias a la accesibilidad de Internet, tu educación nunca ha estado más bajo tu control. Recursos educativos de primera clase pueden estar al alcance de tu mano en un instante. Si tienes problemas con las matemáticas, puedes entrar en sitios como Khan Academy y escuchar una clase sobre el concepto con el que te has quedado atascado. Si tienes preguntas que el libro de texto de historia no responde, probablemente puedas encontrar un sitio web interactivo creado por la Smithsonian Institution, la National Geographic Society, o las instituciones equivalentes que existan en tu país o idioma, para que te ayude a llenar los vacíos.

Hay muchos recursos disponibles en Internet, de forma gratuita, que te ayudarán a conocerte mejor a ti mismo y cómo aprendes. También hay recursos que te ayudarán a aprender y estudiar de forma más eficaz. Pero depende de ti encontrarlos y aprovecharlos.

Hasta este punto de tu educación, tus profesores y padres han sido los responsables de lo que aprendes. Ahora depende de ti. Tienes el control de tu propio aprendizaje. Tendrás tareas y planes de estudio que deberás cumplir, pero no tienes por qué sentirte limitado por ello. ¡Puedes salir ahí fuera y aprender lo que más te apasiona sin pedirle permiso a nadie!

Visualizarte como quieres ser

Existe una forma especial de acelerar tu progreso para convertirte en la persona altamente productiva, eficaz y eficiente que deseas ser. Consiste en pensar continuamente en las recompensas y beneficios de ser una persona orientada a la acción, rápida y centrada. Imagínate a ti mismo como el tipo de persona que realiza los proyectos y las tareas con rapidez y eficacia de forma constante. La imagen mental que tienes de ti mismo tiene un poderoso efecto en tu comportamiento. Visualízate como la persona que pretendes ser en el futuro. La imagen que tienes de ti mismo y la forma en que te ves por dentro determinan en gran medida tu rendimiento en el exterior. Todas las mejoras en tu vida exterior comienzan con mejoras en el interior, en tus imágenes mentales.

Tienes una capacidad prácticamente ilimitada para aprender y desarrollar nuevas habilidades, hábitos y capacidades. Cuando te entrenes, a través de la repetición y la práctica, para superar la procrastinación y terminar rápidamente tus tareas más importantes, pasarás por la vía rápida en tu vida y tus estudios y pisarás el acelerador de tu potencial.

¡Trágate ese sapo!

PRIMERA PARTE
Los tres pilares del éxito

Un aspecto en particular del éxito es más importante que cualquier otro. Como estudiante, estás perfectamente preparado para aprenderlo pronto y convertirlo en los cimientos del resto de tu vida. Cultivar intencionadamente la mentalidad de una persona de éxito es la cosa más importante que puedes hacer ahora mismo. Nada tendrá un impacto tan grande en tu éxito como practicar e implementar en tu vida las intenciones, hábitos y perspectivas de las personas de éxito.

Este libro te enseñará muchas herramientas que te ayudarán a gestionar tu tiempo y a priorizar. Incluso si pones en práctica solo una de las herramientas de este libro, tu productividad aumentará inmensamente. Pero si cultivas la mentalidad de una persona exitosa, cada herramienta que utilices tendrá un impacto exponencialmente mayor.

He pasado toda mi carrera estudiando a las mejores y más exitosas personas del mundo, y he descubierto que la mentalidad de alguien así se basa en tres pilares: una persona de éxito tiene autoestima, asume la responsabilidad personal de su vida y sus acciones, y está orientada a sus objetivos de forma implacable. Si puedes adoptar estos tres enfoques en tus estudios, nada te impedirá lograr todo lo que aspiras en la vida.

1
Autoestima

Todo lo que te ocurre es un reflejo de lo que crees de ti
mismo. No podemos superar nuestro nivel de autoestima.
No podemos atraer hacia nosotros más de lo que creemos
que valemos.

Iyanla Vanzant

Ninguna mentalidad es más importante para tu vida y tu potencial de éxito que la confianza y la autoestima inquebrantables. Cuando tienes valor y determinación, haces frente a la
vida y a tus sueños convencido de tu capacidad para lograr
cualquier cosa que te propongas. Imagina la de posibilidades
que tendrá tu vida una vez que desarrolles la aptitud de enfrentarte a tus mayores retos sin miedo, con la seguridad de
que puedes superar cualquier desafío y aprovechar al máximo todas las oportunidades que busques.

¡La gran noticia es que este nivel de confianza y autoestima está completamente a tu alcance! Lo único que se inter-
pone en tu camino es el miedo. Este capítulo te ayudará a

vencer todo tipo de miedos, lo que te liberará para que logres casi cualquier cosa que puedas soñar. Lo maravilloso de la autoestima es que se puede aprender. Algunas personas empiezan la vida con altos niveles de autoestima, pero la gran mayoría de nosotros (¡incluido yo mismo!) empezamos la vida con bajos niveles de seguridad en nosotros mismos, sentimientos de inferioridad y dudas. Pero esto no es inmutable, y es posible aprender a tener autoestima con algo de práctica. Si usas sistemáticamente las herramientas de este libro, día a día, tus niveles de autoestima aumentarán.

De dónde viene el miedo

El miedo y la falta de confianza en uno mismo vienen de muchos sitios. Quizás un profesor o un padre te criticó y tú interiorizaste un sentimiento de fracaso. Tal vez te comparaste con otra persona y solo pudiste verte como inferior. Desgraciadamente, incluso estos pequeños momentos pueden llegar a influirnos profundamente. Empiezas a creer, a una edad muy temprana, que no eres lo suficientemente bueno, que no eres lo suficientemente inteligente para tener éxito en la vida. Estas creencias viven en lo más profundo de tu subconsciente y te sabotean sin que lo sepas. Pero hay una manera de cambiar incluso estas creencias tan profundamente ocultas.

Visualización «sin límites»

He impartido miles de seminarios a personas de todo el mundo y este es uno de mis ejercicios favoritos con los asistentes. Les pido que piensen en la siguiente pregunta, utilizando todo el poder de su imaginación: «¿Qué te atreverías a soñar si supieras que no puedes fallar?». ¡Esta no es una pregunta fácil de responder! Estamos tan condicionados a pensar en posibles limitaciones y aspectos negativos que puede llevarnos tiempo permitirnos realmente responder a la pregunta.

Hazte esta pregunta una y otra vez durante los próximos días. Permite que tu respuesta cambie y crezca a medida que las verdaderas implicaciones de «si supieras que no puedes fracasar» se asienten en tu mente. Después de pensar en esto durante días o incluso semanas, empezarás a ver que se abren ante ti opciones y oportunidades que nunca creíste posibles… y empezarás a ver cómo pueden hacerse realidad.

La verdad es que si no crees que algo pueda ser posible, nunca lo será. Debes cambiar lo que crees para alcanzar la grandeza. Una vez que te permites soñar a lo grande, empiezas a ver que tus sueños son, después de todo, alcanzables de verdad.

Interno antes que externo

Un hecho inmutable del universo es lo que yo llamo la ley de la concentración. Afirma: «Todo lo que pienses constantemente se convierte en tu realidad»; en otras palabras, lo que piensas todo el tiempo es en lo que te convertirás. Cuando piensas constantemente en algo, se arraiga en lo más profundo de tu subconsciente, donde influye en tu comportamiento, tus pensamientos, tus elecciones y tus acciones. Si piensas todo el tiempo que no eres lo suficientemente bueno, este proceso de pensamiento empieza a ejercer poder sobre ti y se convierte en una profecía que se cumple.

Sin embargo, otra ley, llamada la ley del devenir, afirma que nunca somos estáticos e inmutables: estamos en un constante estado de cambio, o evolucionando y creciendo. Tienes, en todo momento, la capacidad de influir en lo que te estás convirtiendo. Como puedes controlar tus pensamientos, puedes controlar en qué te conviertes. Al cambiar tus pensamientos, tienes el poder de controlar tu futuro.

Proponte hoy llenar tu mente con pensamientos de la persona segura de sí misma, feliz y exitosa en la que quieres convertirte. A medida que vayas teniendo estos pensamientos, comenzarán a ejercer una sutil influencia en tus acciones. Empezarás a actuar de forma coherente con esta poderosa visión de ti mismo. Un día te despertarás y te darás cuenta de que te has convertido en la persona segura de sí misma y con éxito que has visualizado hoy.

Decidir tus valores

A veces, incluso visualizarte como una persona segura de sí misma puede parecer un reto. ¡Es normal! Los valores son una herramienta muy poderosa que puede ayudarte a construir esta visión de ti mismo. La confianza proviene de los propósitos y los valores. Cuando identificas tus valores, te das una hoja de ruta clara a seguir. Cada vez que te enfrentes a una elección, piensa en tus valores y utilízalos como guía. Cuando hagas esto, siempre tendrás la seguridad de que estás actuando con un propósito. Cuanto más actúes de acuerdo con tus valores, más seguro te sentirás.

Ahora mismo, tómate un momento para identificar tus valores más importantes. Los valores son las cosas por las que quieres que te conozcan y por las que quieres ser conocido. Pueden ser cosas como «cuidar de mi familia», «sacar buenas notas en la escuela», «estar siempre dispuesto a ayudar» o «ser siempre transparente y honesto». Si tienes problemas para identificar tus valores, piensa en las personas que admiras. ¿Por qué las admiras? ¿Qué valores y hábitos tienen que te hacen respetarlos? ¿Y qué quieres que la gente diga de ti?

Tus valores deben ser absolutos, aquello en lo que te esfuerzas por no dar tu brazo a torcer nunca. Si te ves capaz de transigir en algo, ese algo no puede considerarse un valor. Por supuesto, nadie es perfecto, y a veces te costará mantener tus valores. Lo importante es que sigas intentándolo. Vuelve siempre a estos valores y renueva tu compromiso con ellos y seguirás progresando.

Cuando identifiques tus valores y elijas continuamente vivir en congruencia con ellos, empezarás a sentir una sensación de propósito y orgullo que te eleva. Sentirás confianza y seguridad en ti mismo como nunca antes. Cuanto más lo hagas, más fuerte será tu autoestima.

Elegir salir de tu zona de confort

Ahora bien, aunque todo lo que he escrito es posible, no siempre va a ser fácil. Los seres humanos tienen tendencia a caer en zonas de confort y acaban haciendo solo aquellas cosas que sienten que son fáciles, predecibles y seguras. La zona de confort es el enemigo del éxito. Es imposible alcanzar la grandeza mientras se permanece en la zona de confort.

¡Salir de tu zona de confort es, por supuesto, incómodo! Todos tenemos la tendencia a volvernos tan adictos a nuestras zonas de confort que intentamos recrearlas incluso cuando algo nos obliga a salir de ellas. Pero la realidad es que nunca crecerás si te mantienes dentro de este marco.

La respuesta es no dejar nunca de esforzarse. Nunca rehúyas la oportunidad de salir de tu zona de confort. Acepta el desafío, ¡búscalo incluso! Cuando encuentres que te sientes tentado a elegir la opción más cómoda, a hacer lo que siempre has hecho, detente, respira hondo y toma una decisión diferente. Prueba viendo a dónde te puede llevar esa nueva elección: nunca dejarás de sorprenderte de lo que puedes lograr cuando eliges el crecimiento en lugar de la complacencia.

Elegir siempre dar el siguiente paso

El último secreto de la autoestima es que no es algo que se tiene: la autoestima es algo que se hace. Para disfrutar de un alto nivel de autoestima, debes elegir siempre emprender acciones positivas y constructivas para avanzar en tus sueños. Elige el reto. Elige la opción que se alinea con tus valores. Actúa siempre con decisión y determinación. De este modo, la autoestima funciona en un ciclo de reciprocidad: cuanto más hagas, mejor te sentirás contigo mismo, y cuanto mejor te sientas con respecto a ti mismo, más estarás dispuesto a hacer y serás capaz de hacer.

Cuando elijas dar siempre el siguiente paso con la determinación de avanzar, desarrollarás una confianza en ti mismo y una autoestima que será evidente para todos los que te rodean. Te acercarás cada vez más a tus objetivos y sueños, y acabarás convirtiéndote en una fuerza imparable, capaz de hacer todo lo que te propongas.

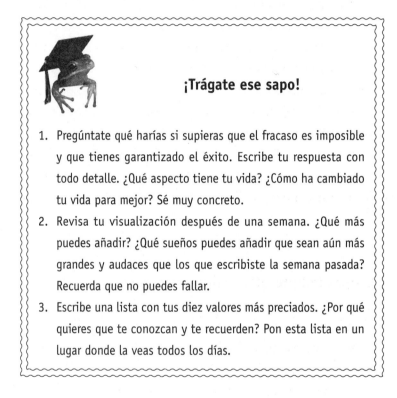

¡Trágate ese sapo!

1. Pregúntate qué harías si supieras que el fracaso es imposible y que tienes garantizado el éxito. Escribe tu respuesta con todo detalle. ¿Qué aspecto tiene tu vida? ¿Cómo ha cambiado tu vida para mejor? Sé muy concreto.

2. Revisa tu visualización después de una semana. ¿Qué más puedes añadir? ¿Qué sueños puedes añadir que sean aún más grandes y audaces que los que escribiste la semana pasada? Recuerda que no puedes fallar.

3. Escribe una lista con tus diez valores más preciados. ¿Por qué quieres que te conozcan y te recuerden? Pon esta lista en un lugar donde la veas todos los días.

2

Responsabilidad Personal

El hombre está condenado a ser libre... porque una vez
lanzado al mundo, es responsable de todo lo que hace.

JEAN-PAUL SARTRE

Hay una habilidad que es la más crucial para tu éxito, tanto
en la escuela como a lo largo de toda tu vida, que cualquier
otra cosa que puedas aprender. Forma parte de los cimientos
de todas las personas de éxito y, sin ella, alcanzar tus objetivos y sueños es simplemente imposible.

Esta habilidad crítica es la capacidad de asumir la responsabilidad total de uno mismo en todo momento. Como estudiante de bachillerato o universidad, te enfrentas a uno de los
primeros puntos de inflexión de tu vida. Hasta hace poco, tus
padres tenían el control de la mayor parte de todo tu día a día.
Ellos decidían lo que vestías y comías, lo que hacías y a dónde
ibas. Se aseguraban de que llegaras a tiempo a la escuela, de
que hicieras tus proyectos y deberes, y de que llegaras a los
entrenamientos deportivos y a los ensayos musicales.

Pero ahora has llegado al punto de tu vida en el que estas decisiones y muchas otras se han convertido en tu responsabilidad. Tu capacidad para asumir esta responsabilidad, de forma completa y absoluta, determinará tu éxito personal y académico. La responsabilidad personal y la autodisciplina son la clave de la grandeza… y están 100 % en tu mano.

Todo depende de ti

Es posible que en tu vida la asunción de responsabilidades se te haya presentado de forma negativa. Tal vez, de niño, tus padres te inculcaron la necesidad de asumir la responsabilidad de tus actos cuando hiciste algo que, desde entonces, has aprendido que está mal. Es posible que tengas asociaciones desagradables con esos momentos y sientas que asumir la responsabilidad equivale a un castigo.

En realidad, ¡esto no podría estar nada más lejos de la realidad! Asumir responsabilidades es una de los mejores aspectos de hacerse mayor. A partir de este momento, puedes tomar todas las decisiones y determinar por ti mismo cada acción que realices. Tu vida y tus elecciones son ahora tu responsabilidad y están bajo tu control. ¿No es maravilloso?

Algunas cosas siempre estarán fuera de tu control. No puedes controlar cosas como el clima, las acciones de otras personas o incluso muchos de los requisitos que tendrás que cumplir para graduarte. Asumir la responsabilidad significa negarse a enfadarte o resentirte por cosas que no puedes controlar. En cambio, concéntrate siempre en tus propias reacciones. Son tus reacciones las que están bajo tu control.

No importa lo que ocurra, tú eliges cómo responder a cada cosa que te ocurra durante el resto de tu vida.

Por ejemplo, puede que tengas que cumplir una serie de requisitos para graduarte. Puede que no te guste uno o varios de estos requisitos. Sin embargo, si tu reacción a dichos requisitos es ignorarlos o esforzarte muy poco en cumplirlos, no te graduarás o lo harás con malas notas. En cambio, si reaccionas asumiendo toda la responsabilidad de tu rendimiento en esas clases, te graduarás con altas calificaciones y tendrás un gran éxito.

La mejor manera de lidiar con la ira y las emociones negativas que puedes sentir cuando te enfrentas a una situación que no puedes controlar es sustituir los pensamientos negativos por otros positivos. Los neurocientíficos han descubierto que es imposible enfadarse cuando se acepta la plena responsabilidad de uno mismo. Basta con decirse a sí mismo una y otra vez la frase «¡Soy responsable!» para que esos pensamientos negativos se desvanezcan. Esto te permitirá pensar positivamente sobre lo que decides hacer.

Intenta pensar ahora mismo «¡Soy responsable!». Si interiorizas esta filosofía, no habrá casi nada que esté fuera de tu alcance.

Tomar el control de tu educación

Como joven que lee este libro, estás viviendo una era educativa sin precedentes en la historia de la humanidad. En los últimos quince años, el panorama de la educación en Estados Unidos ha cambiado drásticamente para reflejar un enfoque holístico en todas las dimensiones de la vida.

Un GPA (promedio de calificaciones) de 4.0 ya no es suficiente para asegurar el acceso a muchos de los niveles más altos de la educación superior. La experiencia de voluntariado, las prácticas, los empeños musicales o artísticos, la participación en clubes y actividades, el liderazgo estudiantil, los deportes y un sinfín de otras actividades son casi obligatorios para la admisión en universidades, prácticas y trabajos. Intentar encajar todas estas actividades en tu agenda puede ser abrumador, pero también emocionante. ¡Recuerda que todo está bajo tu control!

Tú eres responsable de las actividades que eliges y de cómo gestionas tu tiempo. Puede que no quieras afrontar un determinado reto, o que estés tan entusiasmado que intentes aprovechar cada actividad u oportunidad que se te presente. Pero no importa lo que elijas, recuerda que eres tú quien llega a hacer la elección.

Elegir cuánto tiempo dedicas a tus clases y tareas, en cuántas actividades participas y cuándo trabajas en cada tarea individual será tu primera experiencia priorizando. Debes aprender a evaluar tus plazos, objetivos y compromisos y crear una estrategia que te asegure el éxito en cada cosa que te propongas. Los capítulos de este libro te darán muchas herramientas para hacer precisamente eso.

Negarse a culpar a los demás

Una consecuencia desafortunada de que nuestros padres tomen todas las decisiones por nosotros es que muchas personas crecen pensando que, si algo va mal en su vida, la responsabilidad recae sobre otro. Pero cuando se llega a cierta edad, esto simplemente deja de ser cierto. Este cambio se produce en la edad adulta, cuando se está en el instituto y en la universidad. Se trata de un punto de inflexión crítico.

La tentación de culpar a factores externos es muy fuerte, sobre todo porque es muy común. Serás testigo de que muchas personas a tu alrededor, tus compañeros e incluso los adultos en tu vida, adoptan esta mentalidad. Esto se debe a que culpar a otras personas es mucho más fácil que asumir la responsabilidad plena de nosotros mismos. Es fácil pensar que otra persona es la mala y que tú eres la víctima.

Pensar de esta manera conduce inevitablemente a una espiral de excusas, remordimiento y luego más reproches. Cuando culpas a los demás de tu situación, es imposible asumir la responsabilidad personal y pierdes todo el control sobre ti mismo y tus decisiones. Por eso, culpar a los demás te impedirá alcanzar cualquier sueño que tengas para ti o para tu futuro.

Decide hoy negarte a culpar a otras personas o a las circunstancias externas por tus acciones.

Tomar el control de la propia vida

Asumir responsabilidades es difícil y requiere una inmensa autodisciplina, pero da lugar a recompensas increíblemente poderosas. Hay una relación directa entre la cantidad de responsabilidad que aceptas y la cantidad de control que tienes sobre tu vida. Cuanto más aceptes la responsabilidad, mayor sensación de control sentirás.

También existe una relación directa entre el control y la felicidad. Cuanto más control sientas sobre tu propia vida, más optimista y satisfecho te sentirás. La responsabilidad personal es el camino más rápido y directo para llevar una vida de plenitud, satisfacción y felicidad. Acuérdate de decirte a ti mismo «¡Soy responsable!» y repite el pensamiento una y otra vez si lo necesitas. Llenar tu cabeza con esta idea te ayudará a superar las emociones negativas que dificultan el progreso hacia tus objetivos. Si aceptas el 100 % de la responsabilidad el 100 % del tiempo, y te comprometes a utilizar las herramientas de este libro, ¡te volverás imparable!

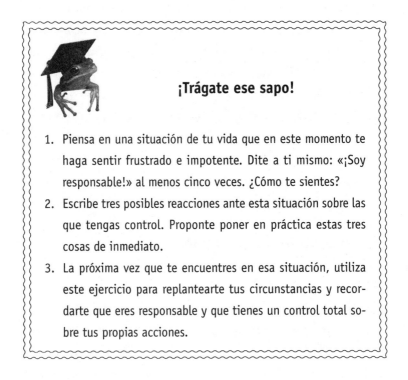

¡Trágate ese sapo!

1. Piensa en una situación de tu vida que en este momento te haga sentir frustrado e impotente. Dite a ti mismo: «¡Soy responsable!» al menos cinco veces. ¿Cómo te sientes?
2. Escribe tres posibles reacciones ante esta situación sobre las que tengas control. Proponte poner en práctica estas tres cosas de inmediato.
3. La próxima vez que te encuentres en esa situación, utiliza este ejercicio para replantearte tus circunstancias y recordarte que eres responsable y que tienes un control total sobre tus propias acciones.

3
Metas

Quizá cuando nos encontramos con que lo queremos
todo, es porque estamos peligrosamente cerca
de no querer nada.

SYLVIA PLATH

Estoy a punto de presentarte una táctica que cambiará todo
el curso de tu vida si la pones en práctica hoy mismo. La
autoestima es una mentalidad, y la responsabilidad personal es tanto una habilidad como una mentalidad. Ambos
sientan las bases para el éxito, pero para ser exitoso en la
vida necesitarás una táctica concreta por encima de todas
las demás.

Nada te impulsará más rápidamente hacia el éxito que la
práctica de tener metas u objetivos claros y puestos por escrito. Tener objetivos escritos en papel es como ponerle el
turbo a todo lo que te propones lograr en la vida. Te permitirán conseguir todo lo que quieres en una fracción del tiempo que les llevaría a otras personas.

¿Qué es una meta?

Si le preguntaras a una persona de éxito en qué piensa todo el tiempo, la respuesta más probable que obtendrías sería: «¡Lo que quiero!». A miles de personas exitosas se les ha hecho esta misma pregunta… y han dado esta misma respuesta.

La definición más básica de una meta es simplemente «algo que quieres». Algo maravilloso ocurre cuando piensas constantemente en tus metas: empiezas a atraer los recursos que necesitas para completar dicho objetivo. Cuando tu meta es en todo momento lo más importante en tu mente, Es cuando empiezas a darte cuenta de las cosas que te ayudarán. Naturalmente, hablarás de tu objetivo a las personas que te rodean, así que cuando alguien que tiene un recurso que necesitas te oiga, puede que se ofrezca a ayudarte.

Las metas pueden ser a largo o a corto plazo: «un trabajo bien pagado» o «un sobresaliente en mi clase de cálculo». Sin embargo, hay algunas cosas que hacen que un objetivo tenga más probabilidades de éxito. Las dos cualidades más importantes de una meta es que sea concreta y por escrito.

Tus metas no deben ser vagas y generales, como «Quiero tener éxito en mis estudios». Si tu objetivo es demasiado difuso, te resultará imposible ver cómo actuar al respecto, y sin una forma de medirlo de manera específica, el objetivo no será suficientemente motivador. En cambio, debe ser algo concreto, como la nota exacta que quieres obtener en una clase determinada o en un examen específico. También puede ser una pieza musical que quieras aprender para la orquesta, el número de goles que quieres marcar al final de la temporada de fútbol o un récord personal de tiempo que quieras batir en una prueba de carrera o natación.

Cómo escribir buenas metas: Las tres P

Las metas van de la mano de nuestra psicología humana natural. Cuanto más pienses en tus objetivos, más rápido los alcanzarás. Esta capacidad de tu mente subconsciente es inmensamente poderosa, pero para activar este poder, tus objetivos deben estar redactados de forma específica. La clave para escribir buenos objetivos es utilizar la fórmula de las tres P: Presente, Positivo y Personal.

Los objetivos deben escribirse en tiempo presente, como si ya los hubieras conseguido. Así, en lugar de escribir «Quiero sacar un sobresaliente en inglés», escribe «Tengo un sobresaliente en la clase de inglés» o «Puedo tocar de memoria la Sonatina en Fa Mayor de Beethoven».

En segundo lugar, las metas deben plantearse siempre de forma positiva, es decir, indicando el resultado positivo en lugar del negativo que se intenta evitar. Así, en lugar de decir «dejaré de procrastinar», escribirías «planifico mis días con antelación y siempre completo mi lista de tareas».

Por último, todos los objetivos deben estar en primera persona, utilizando el pronombre «yo», seguido inmediatamente de un verbo. Esta es una poderosa señal que indica al cerebro que debe empezar a actuar ahora. No empieces un objetivo así: «Mi objetivo es entender cómo escribir una demostración para un problema de geometría». Escribe siempre positivamente: «Puedo escribir una demostración precisa y completa para un problema de geometría».

Ejercicio de diez metas

Hay un ejercicio muy sencillo que puedes hacer y que empezará a aumentar tu fe en el poder de los objetivos. He compartido este ejercicio con cientos de miles de personas en todo el mundo y, desde hace muchos años, los asistentes que repiten su visita hacen cola después de mis charlas y talleres para decirme lo bien que les ha funcionado.

Coge una hoja de papel y escribe diez objetivos que quieras alcanzar en el próximo año, utilizando la Fórmula de las Tres P. Guárdalo y no vuelvas a mirarlo hasta que hayan pasado seis meses; entonces sácalo y revísalo. En casi todos los casos, la gente me dice que ha conseguido cumplir al menos ocho de sus diez metas. Cuando tengas éxito después de hacer nada más que esta sencilla tarea, te parecerá casi mágico y empezarás a creer en el poder de escribir tus metas.

Las metas deben ser razonables

Escribir los objetivos y trabajar sistemáticamente para alcanzarlos es una técnica poderosa; sin embargo, es esencial que especifiques un plazo de tiempo realista y razonable para completarlos. Para lograr cualquier meta, hay que creer de verdad que es posible.

Cometí un error al principio de mi vida, cuando me puse como objetivo ganar una cantidad de dinero diez veces superior a la que había ganado hasta entonces. No hice ningún progreso hacia esta meta, y finalmente me di cuenta de eso no me estaba ayudando. Era un salto tan grande que mi cerebro no creía realmente que fuera posible. Mi subconsciente lo rechazaba y, como resultado, el objetivo no tenía ningún poder de motivación.

Es importante que evalúes honestamente tu punto de partida cuando empieces a fijarte objetivos. Si tu meta es memorizar un concierto de Mozart pero solo llevas seis meses tocando el piano, tendrás que especificar un plazo realista para el objetivo. Si esperas alcanzar una meta tan ambiciosa en un plazo irreal, tu cerebro hará lo que hizo el mío, rechazar inconscientemente el objetivo por considerarlo poco realista, y no avanzarás.

Si tienes problemas con las calificaciones y tu objetivo es «tener sobresalientes en todas mis clases», deberás analizar tus notas actuales y considerar algunos pasos intermedios. Por ejemplo, si actualmente tomas cinco clases y tienes tres B, una C y una A, podrías establecer metas escalonadas para los próximos tres trimestres. Al final del trimestre actual podrías decir: «Tengo As en dos clases y B en las otras tres»; al final del siguiente trimestre, «Tengo As en todas las clases menos en una y B+ en la otra»; luego, al tercer trimestre, «Tengo As en todas mis clases».

Actuar para sentir

Se ha demostrado una y otra vez en el campo de la psicología que son nuestras acciones las que determinan nuestros sentimientos, no nuestros sentimientos los que determinan nuestras acciones. El potencial de este pequeño hecho es realmente alucinante: tenemos control sobre cómo nos sentimos. Puedes determinar por ti mismo cómo quieres sentirte actuando de la manera en que actuaría alguien que siente lo que tú quieres sentir.

Esto también es una buena noticia para ti si debes empezar una nueva tarea o empeño. Como principiante, es probable que te cueste e incluso que fracases al empezar. ¡Esto es normal! Es posible que no te sientas la persona increíble y segura que quieres ser y que, en cambio, sientas dudas y miedo. Hay una poderosa técnica que puedes utilizar para combatir esto, y se llama «actuar como si».

Cuando actúes «como si» ya fueras quien aspiras a ser, empezarás a sentirte «como si» fueras esa persona. Si quieres ser el mejor de tu clase académicamente, fíjate en cómo emplean su tiempo las personas que obtienen sobresalientes, y luego emplea tu tiempo de la misma manera. Si quieres sobresalir como deportista, observa cómo entrenan los mejores atletas de tu edad, y entrena como ellos. En poco tiempo, pasarás de actuar «como si» tuvieras éxito a tenerlo tú mismo.

Persistir, pase lo que pase

Por encima de todo, una persistencia y un compromiso inquebrantables con tus objetivos es la única cualidad que te garantizará que acabes alcanzando tus metas. No cabe duda de que experimentarás contratiempos, fracasos y frustraciones mientras trabajas para conseguir tus objetivos. Esto es inevitable, y por algo se dice que «el maestro ha fracasado más veces de las que el principiante ha intentado siquiera».

La persistencia es más importante que el genio, más importante que los recursos y más importante incluso que el talento. Es tu capacidad de persistir ante el fracaso, de volver a intentarlo, de probar un enfoque diferente y, sobre todo, de seguir adelante, lo que te llevará a triunfar más allá de tus sueños.

Una vez que hayas escrito los objetivos, casi nada puede impedirte alcanzar aquello con lo que sueñas.

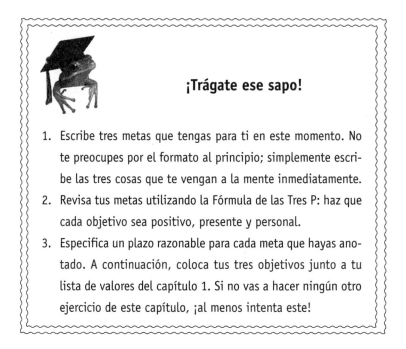

¡Trágate ese sapo!

1. Escribe tres metas que tengas para ti en este momento. No te preocupes por el formato al principio; simplemente escribe las tres cosas que te vengan a la mente inmediatamente.
2. Revisa tus metas utilizando la Fórmula de las Tres P: haz que cada objetivo sea positivo, presente y personal.
3. Especifica un plazo razonable para cada meta que hayas anotado. A continuación, coloca tus tres objetivos junto a tu lista de valores del capítulo 1. Si no vas a hacer ningún otro ejercicio de este capítulo, ¡al menos intenta este!

SEGUNDA PARTE
Aprender a estructurar tu propio tiempo

Tanto si estás leyendo este libro en el instituto, como en la universidad o incluso en la escuela de posgrado, es casi seguro que estarás teniendo problemas con la forma de gestionar tu propio tiempo. En el instituto estás aprendiendo esta habilidad por primera vez en tu vida. En la universidad tienes más libertad y menos estructura impuesta por el centro o tu familia que nunca. Y en la escuela de posgrado estarás a caballo entre dos mundos, aprendiendo más en tu campo como estudiante, pero también contribuyes a la investigación de vanguardia como académico emergente.

Cada uno de estos niveles educativos conlleva sus propios retos y niveles cada vez más mínimos de estructura externa. Esto significa que tendrás que aprender a imponer tus propias estructuras y ceñirte a ellas. Las herramientas de la segunda parte te darán muchas ideas y recursos diferentes para aprender a gestionar tu tiempo por ti mismo.

Proponte ahora mismo elegir al menos dos de estas herramientas y probarlas durante la próxima semana. Recuerda que actuar de forma inmediata y decisiva es una de las habilidades más importantes que necesitarás para tener éxito.

4

Establecer el horario

Hay una cualidad que uno debe poseer para ganar, y es la
claridad de objetivos, el conocimiento de lo que uno quiere
y un deseo ardiente de conseguirlo.

NAPOLEON HILL

Antes de que puedas determinar tu «sapo» y ponerte a trabajar en ello, tienes que decidir exactamente qué quieres conseguir. Siempre tendrás varias clases, tareas, proyectos a largo
plazo, como trabajos e informes de laboratorio, y exámenes
inminentes. Puede ser un reto averiguar qué es lo mejor que
puedes hacer y cuál es el mejor momento para hacerlo.

La claridad es quizá el concepto más importante de la
productividad personal. La razón número uno por la que
algunas personas consiguen hacer más trabajo con mayor
rapidez es porque tienen muy claras sus metas y objetivos, y
no se desvían de ellos. Cuanto más claro tengas lo que quieres y los pasos que tendrás que dar para conseguirlo, más
fácil te resultará dejar de dar vueltas, superar la procrastina-

ción, tragarte el sapo y completar la tarea que tienes por delante.

Una de las principales razones de la procrastinación y la falta de motivación es la vaguedad, la confusión y la falta de claridad mental acerca de lo que estás tratando de hacer, en qué orden y por qué razón. Debes evitar con todas tus fuerzas este problema tan común, esforzándote por conseguir una claridad cada vez mayor en tus principales objetivos y tareas.

Construir tu hoja de ruta

Ya hemos hablado de las pautas generales para establecer buenos objetivos. Ahora voy a presentarte una fórmula más específica y poderosa para establecer y alcanzar objetivos. Puedes utilizarla en la escuela y durante el resto de tu vida. Consta de siete sencillos pasos. Cualquiera de estos pasos puede duplicar y triplicar tu productividad si no los estás utilizando aún.

Primer paso: Decide exactamente lo que quieres. Decide por ti mismo o siéntate con uno de tus padres, un profesor o un asesor y discute tus metas y objetivos. Habla con esa persona hasta que tengas muy claro qué se espera de ti y qué prioridades serán más útiles para tu carrera académica. Es sorprendente la cantidad de personas que dedican un enorme esfuerzo, día tras día, a tareas de escaso valor solo porque no han mantenido esta conversación crítica con alguien que pueda ayudarles a determinar qué es lo más importante.

Uno de los peores usos de tu tiempo es hacer muy bien algo que no es necesario hacer en primer lugar.

Stephen Covey dice: «Si la escalera no está apoyada en la pared correcta, cada paso que damos nos lleva más rápido al lugar equivocado».

Segundo paso: Escríbelo. Piensa en papel. Cuando escribes un objetivo, lo cristalizas y le das una forma tangible. Creas algo que se puede tocar y ver. En cambio, una meta u objetivo que no está escrito es solo un deseo o una fantasía. Le falta energía que lo impulse. Los objetivos no escritos conducen a la confusión, a la vaguedad, a la mala interpretación y a numerosos errores.

Hoy en día hay un sinfín de opciones para el seguimiento digital de objetivos, y si realmente te funcionan, entonces sigue utilizándolas. Sin embargo, si te encuentras persiguiendo y descargando constantemente la siguiente aplicación prometedora de turno, pero nunca la utilizas más de unas pocas semanas, puede que sea el momento de probar con el anticuado método del lápiz y el papel. Una de las ventajas de escribir las cosas en papel es la posibilidad de ponerlas en un lugar donde se puedan ver en todo momento. Si solo has capturado tus objetivos digitalmente, solo los verás cuando abras la aplicación donde los tienes guardados. Una lista escrita en papel es algo que puedes colocar en tu escritorio, así que incluso cuando llegue tu próximo mensaje de texto o tengas que abrir Duolingo para hacer tus deberes de idiomas, podrás seguir teniendo a la vista tu lista de objetivos.

Tercer paso: Establece una fecha límite para tu objetivo; fija fechas intermedias (subfechas) si es necesario. Tus profesores determinarán los plazos de la mayoría de tus tareas. El cumplimiento de estos es una habilidad importante que debe ser aprendida porque, una vez que te gradúes y te incorpores al mundo laboral, tendrás que establecer tus propios plazos.

Un objetivo o una decisión sin una fecha límite carece de urgencia. Cuando tengas un gran número de tareas que cuadrar, crear tus propias subfechas de entrega puede ayudarte a mantenerte en el camino adecuado para cumplir los plazos de tus profesores. Sin estas, naturalmente procrastinarás y acabarás viéndote obligado a pasar la noche en vela, luchando por terminar tus tareas justo antes de que deban ser entregadas.

Cuarto paso: Piensa en cada una de tus tareas y haz una lista de todo lo que se te ocurra que vas a tener que hacer para completarlas. A medida que pienses en nuevas tareas, añádelas a tu lista y sigue expandiéndola hasta que la completes. Una lista te da una imagen visual de la tarea u objetivo más amplio. Te da una pista sobre la que correr. Aumenta enormemente la probabilidad de que consigas tu objetivo tal y como lo has definido y en el plazo previsto.

Quinto paso: Organizar la lista y hacer de ella un plan. Organiza tu lista por prioridad y secuencia. Enumera todas las tareas en el orden en que deben realizarse. Tómate unos minutos para decidir qué tienes que hacer primero y qué puedes hacer después. Decide qué hay que hacer antes que otra cosa y qué hay que hacer después.

Mejor aún, diseña tu plan visualmente en forma de una serie de cajas o círculos en una hoja de papel, con líneas y flechas que muestren la relación de cada tarea con las demás (fig. 1). Te sorprenderá lo fácil que es alcanzar tu objetivo cuando lo divides en tareas individuales.

Con un objetivo escrito y un plan de acción organizado, serás mucho más productivo y eficiente que las personas que solo han definido sus metas mentalmente.

Sexto paso: Poner en marcha tu plan inmediatamente. Haz algo. Cualquier cosa. Un plan mediocre ejecutado enérgicamente es mucho mejor que un plan brillante que no se lleva a cabo.

Meta — Completar un trabajo de 4 páginas de Historia para el 15 de octubre — 3 semanas

Semana uno: Empezar a investigar y hacer un resumen.

Semana dos: Escribir borrador y dárselo al compañero para que lo revise.

Semana tres: Revisar los comentarios del compañero, corregir y entregar.

LISTA DE TAREAS

- Decidir el tema y la tesis preliminar.
- Releer la sección del libro de texto sobre mi tema.
- Buscar 3+ fuentes de investigación para mi tema.
- Tomar apuntes sobre las fuentes.
- Escribir una entrada de bibliografía completa para cada fuente que uso sobre la marcha (¡así acabo la bibliografía mientras avanzo!).
- Revisitar la tesis preliminar para asegurarme de que mis nuevas investigaciones la apoyan, revisar la tesis si es necesario.
- Determinar 3 hechos o argumentos que apoyen el razonamiento que está creando mi tesis: estos son los 3 puntos sobre los que se sostiene el ensayo.
- Escribir la introducción o el párrafo que explica la tesis, un párrafo por punto que apoye mi trabajo, y la conclusión.
- Revisar la ortografía usando el ordenador y manualmente, buscar faltas y repeticiones de palabras.
- Que un compañero me ayude a revisarlo todo y aporte críticas constructivas.
- Corregir siguiendo los comentarios del compañero.
- Hacer una última lectura de revisión del trabajo y la bibliografía.
- ¡Entregar el proyecto!

Visualización

Tesis:

| Apoyo nº 1 Frase temática | Apoyo nº 2 Frase temática | Apoyo nº 3 Frase temática |

↳ Pruebas
1.
2.
3.

↳ Pruebas
1.
2.
3.

↳ Pruebas
1.
2.
3.

Ya has hecho la parte más dura: tu plan te dirá lo que tienes que hacer primero. Para lograr cualquier tipo de éxito, la ejecución lo es todo. Recuerda que no tiene que ser todo perfecto antes de empezar; simplemente empieza cuanto antes.

Séptimo paso: Decidir hacer algo cada día que te haga avanzar hacia tu objetivo principal. Incorpora la actividad a tu horario diario. Sea cual sea, no debes faltar ni un solo día. Puedes determinar un número concreto de horas y el momento del día para hacer los deberes. Puedes practicar un deporte todos los días después de clase, o decidir practicar un instrumento durante treinta minutos cada día. Puede que tengas que hacer las tres cosas todos los días. Es fundamental que te asegures de que tu plan es alcanzable y de que tienes tiempo cada día para dedicarlo a avanzar en tus objetivos. Si ves que no tienes suficiente tiempo, revisa tu lista de prioridades y piensa en lo que tienes que recortar.

Sigue empujando hacia adelante. Una vez que empieces a moverte, sigue moviéndote. No te detengas. Esta decisión, esta disciplina por sí sola, puede aumentar drásticamente la velocidad de cumplimiento de tus objetivos e impulsar tu productividad personal.

El poder de los objetivos escritos

Piensa en tus objetivos y revísalos a diario. Cada mañana, cuando empieces, ponte manos a la obra con la tarea más importante que puedas realizar para lograr tu objetivo más importante en ese momento.

Las metas claras por escrito tienen un efecto maravilloso en tu forma de pensar. Te motivan y te impulsan a la acción.

Estimulan tu creatividad, liberan tu energía y te ayudan a superar la procrastinación tanto como cualquier otro factor.

Los objetivos son el combustible del horno de los logros. Cuanto más grandes sean tus objetivos y más claros estén, más te entusiasma su consecución. Cuanto más pienses en tus objetivos, mayor será tu impulso interior y tu deseo de alcanzarlos.

¡Trágate ese sapo!

1. Recuerda utilizar siempre el tiempo presente, la voz positiva y la primera persona del singular para que tus objetivos sean aceptados inmediatamente por tu subconsciente. Por ejemplo, puedes escribir: «Saco 10 en Química el {fecha}», «Tengo unas prácticas en X empresa el {fecha}», o «Tengo tres solicitudes universitarias listas para presentar el {fecha}».

2. Escribe una lista de diez metas que tengas para tu vida en este momento. Puedes utilizar la lista de objetivos que hiciste en el capítulo 3, o puedes crear una nueva lista ahora mismo. De estas diez metas, selecciona la que, de lograrlo, tendría el mayor impacto positivo en tu vida. Cualquiera que sea ese objetivo, escríbelo en una hoja aparte, fija una fecha límite, elabora un plan, actúa de acuerdo con tu plan y, a continuación, haz algo cada día que te haga avanzar hacia ese objetivo. Solo este ejercicio podría cambiar tu vida.

5

Planificar cada día
por adelantado

Planificar es traer el futuro al presente para poder
hacer algo al respecto ahora.

Alan Lakein

Habrás oído la vieja pregunta: «¿Cómo se come un elefante?». La respuesta es: «¡Bocado a bocado!».

¿Cómo se come el sapo más grande y feo? De la misma manera: lo divides en actividades específicas paso a paso y luego empiezas con la primera. Aprender a dividir las tareas grandes en pasos manejables es una habilidad que será tan importante para tu futura carrera como para tu trabajo escolar. Un buen ejemplo de ello es la lista de tareas del trabajo de historia del capítulo 4.

Tu mente, tu capacidad para pensar, planificar y decidir, es tu herramienta más poderosa para superar la procrastinación y aumentar tu productividad. Tu capacidad para establecer objetivos, hacer planes y ponerlos en práctica determina el curso de tu vida. El mero hecho de pensar y planificar desbloquea tus poderes mentales, desencadena tu creatividad y aumenta tus energías mentales y físicas.

A la inversa, como escribió Alec Mackenzie, «Actuar sin pensar bien las cosas es una fuente principal de problemas».

Tu capacidad para hacer buenos planes que guíen tus acciones es una medida de tu competencia general. Cuanto mejor sea tu plan, más fácil te resultará superar la procrastinación, ponerte en marcha, tragarte el sapo y seguir adelante.

Aumentar el rendimiento de tu energía

Uno de tus principales objetivos debe ser obtener el mayor rendimiento posible de tu inversión en energía mental, emocional y física. La buena noticia es que cada minuto invertido en la planificación ahorra hasta diez minutos en la ejecución. Planificar el día solo te llevará entre diez y doce minutos, pero esta pequeña inversión de tiempo te ahorrará hasta dos horas (entre 100 y 120 minutos) de pérdida de tiempo y esfuerzo difuso a lo largo del día.

Es posible que hayas oído hablar de la fórmula de las seis P. Dice lo siguiente: «La Planificación Previa aPropiada Previene el Pésimo desemPeño».

Si tenemos en cuenta lo útil que puede ser la planificación para aumentar la productividad y el rendimiento, resulta sorprendente que pocas personas la practiquen a diario. Y hacer planes es realmente sencillo. Todo lo que necesitas es un trozo de papel y un bolígrafo. El sistema de la aplicación informática Outlook, que es más sofisticado, o TIME Planner se basan en el mismo principio. Ya sea más o menos complejo, se reduce a que te sientes y hagas una lista de todo lo que tienes que hacer antes de empezar.

Dos horas extra al día

Trabaja siempre a partir de una lista. Cuando surja algo nuevo, añádelo a la lista antes de hacerlo. Puedes aumentar tu productividad y rendimiento en un 25 % o más desde el primer día en que empieces a trabajar a partir de una lista de manera constante.

Haz tu lista la noche anterior para tener planeado el día escolar que tienes por delante. Pasa a la lista del día siguiente todo lo que aún no has hecho, y luego añade todo lo que tienes que hacer al día siguiente. Si haces tu lista la noche anterior, tu subconsciente trabajará en ella toda la noche mientras duermes. A menudo te despertarás con grandes ideas y conocimientos que puedes utilizar para hacer tu trabajo más rápido y mejor de lo que habías pensado inicialmente.

Cuanto más tiempo dediques a hacer listas escritas con antelación de cada cosa que tengas que hacer, más eficaz y eficiente serás. Crear tu lista la noche anterior te permitirá empezar tus tareas sin pensar ni preocuparte por lo que tienes que hacer primero. No habrá nada que te impida empezar tu trabajo sin demora.

Listas diferentes para propósitos distintos

Necesitas hacer listas para tus diversos propósitos. En primer lugar, debes crear una lista principal en la que anotes todas las cosas que se te ocurran y que quieras hacer en algún momento en el futuro. Es el lugar en el que se anota cada idea y cada nueva tarea o responsabilidad que surja. Podrás ordenar los puntos más tarde.

En segundo lugar, debes tener una lista de períodos académicos que abarque tu semestre, trimestre o bloque. Deberías hacer esta lista al principio de cada término académico. Algunas de tus responsabilidades se trasladarán de la lista maestra (tareas continuas como la práctica con un instrumento musical, un proceso más largo como la solicitud de ingreso en las universidades, el servicio a la comunidad o los objetivos relacionados con tu trabajo. Otros puntos de esta lista cambiarán con tus clases rotativas y pueden construirse a partir del programa de estudios que se te entregue al comienzo del trimestre.

En tercer lugar, debes tener una lista mensual que hagas a fin de mes para el mes siguiente. Esto puede incluir elementos transferidos de tu lista maestra y de la lista de plazos.

En cuarto lugar, debes tener una lista semanal en la que planifiques toda la semana por adelantado. Esta es una lista que se encuentra en construcción a medida que avanza la semana actual.

Esta disciplina a la hora de planificarte sistemáticamente el tiempo puede resultarte muy útil. Muchas personas me han dicho que el hábito de dedicar un par de horas al final de cada semana a planificar la siguiente ha aumentado su productividad de forma espectacular y ha cambiado su vida por completo. Esta técnica también te servirá a ti.

Por último, debes transferir los elementos de tus listas mensuales y semanales a tu lista diaria. Estas son las actividades específicas que vas a realizar el día siguiente a escribirlas.

A lo largo del día, ve tachando los elementos de la lista a medida que los vayas completando. Esta actividad te proporciona una representación visual de los logros alcanzados que genera una sensación de éxito y de avance. Verte trabajando progresivamente en tu lista te motiva y te da energía. Aumenta tu autoestima y tu respeto por ti mismo. El progreso constante y visible te impulsa a avanzar y te ayuda a superar la procrastinación.

Planificar un proyecto

Cuando tengas un proyecto de cualquier tipo, como laboratorios para la clase de ciencias, trabajos para inglés o historia, proyectos de grupo o incluso tus solicitudes de ingreso a la universidad, empieza por hacer una lista de todos los pasos que tendrás que realizar para terminar el proyecto de principio a fin. Organiza los pasos por prioridad, lo más importante, y por secuencia, las tareas que debes completar en orden. Coloca el proyecto frente a ti en papel o en un planificador de proyectos digital para que puedas ver cada paso y cada tarea. A continuación, ponte a trabajar en una tarea cada vez. Te sorprenderá lo mucho que consigues hacer de este modo.

A medida que trabajes con tus listas, te sentirás cada vez más eficaz y poderoso. Te sentirás más en control de tu vida. Estarás motivado de forma natural para hacer aún más. Pensarás mejor y de forma más creativa, y obtendrás más y mejores conocimientos que te permitirán hacer tus tareas aún más rápido.

A medida que trabajes de forma constante en tus listas, desarrollarás la sensación de que vas ganando impulso, lo cual te permitirá superar la procrastinación. Esta sensación de progreso te da más energía y te mantiene en marcha durante todo el día.

Una de las reglas más importantes de la eficacia personal es la regla del 10/90. Esta regla dice que el primer 10 % del tiempo que se dedica a planificar y organizar el trabajo antes de empezar ahorrará el 90 % del tiempo que se tarda en realizarlo. Solo tienes que probar esta regla una vez para comprobarlo.

Cuando planifiques cada día por adelantado, te resultará mucho más fácil ponerte en marcha y seguir adelante. El trabajo será más rápido y fluido que nunca. Te sentirás más poderoso y competente. Conseguirás hacer más cosas con más rapidez de lo que creías posible. Al final, serás imparable.

¡Trágate ese sapo!

1. Empieza hoy mismo a planificar cada día, semana, mes y trimestre por adelantado. Coge un bloc de notas o una hoja de papel (o utiliza tu smartphone) y haz una lista de todo lo que tienes que hacer en las próximas veinticuatro horas. Ve añadiendo cosas a la lista a medida que vayan surgiendo. Haz una lista de todos tus proyectos, de las grandes tareas que tienes que realizar y que tienen un plazo final importante.

2. Distribuye todos tus objetivos, proyectos y tareas principales por orden de prioridad, es decir, lo más importante, y por secuencia, es decir, lo que hay que hacer primero, lo que viene después, etc. Empieza con el final en mente y establece los pasos a seguir para llegar hasta ahí.

3. ¡Piensa en papel! Trabaja siempre a partir de una lista. Te sorprenderá todo lo productivo que te vuelves y lo fácil que es tragarte el sapo.

6

Estudiar estratégicamente utilizando períodos de tiempo largos y cortos

Nada puede añadir más poder a tu vida que concentrar todas tus energías en un conjunto limitado de objetivos.

NIDO QUBEIN

La escuela es un entorno único en el que debes aprender una gran variedad de materias y habilidades. Esto es fundamental para tu éxito futuro, ya que la carrera que elijas requerirá que tengas muchos tipos de habilidades diferentes y la flexibilidad para alternar entre ellas. Tendrás que saber evaluar una situación y luego encontrar la mejor solución al problema en cuestión.

En la escuela, diferentes habilidades requieren diferentes métodos de estudio. Algunas tareas se realizan mejor en períodos de tiempo más largos, y otras se adaptan mejor a períodos de concentración más cortos. Si aprendes a saber qué tarea se adapta a cada plazo, aumentarás enormemente la eficacia de tu estudio.

El pez grande

La mayor parte de las tareas grandes e importantes requerirán de un período de tiempo más largo para ser completadas. Tu capacidad de hacer hueco y utilizar estos bloques de tiempo de gran valor y altamente productivos es fundamental para que puedas hacer una contribución significativa a tu trabajo y a tu vida. Este tipo de estudio tendrá que hacerse los fines de semana o por las noches, cuando puedas dedicar un tiempo importante a tus tareas.

Los estudiantes que tienen éxito reservan períodos de tiempo de al menos varias horas para trabajar en proyectos importantes, como los trabajos trimestrales, los informes de laboratorio, los experimentos y la investigación, o la elaboración de solicitudes para la universidad. Estas tareas requieren períodos de tiempo prolongados e ininterrumpidos para poder progresar de forma significativa.

Programar bloques de tiempo

Muchas personas altamente productivas programan actividades específicas en franjas de tiempo previamente planificadas y que cubren todo el día. Estas personas construyen su vida en torno a la realización de tareas clave una a una. Como resultado, son cada vez más productivas y acaban produciendo el doble, el triple y el quíntuple que la persona media.

Cuando dispones de un día de fin de semana o de una tarde sin horario impuesto por el exterior, debes crear un programa de actividades propio y disciplinarte para cumplirlo. La clave del éxito de trabajar en segmentos de tiempo específicos es planificar el tiempo de estudio con antelación y programar un período de tiempo fijo para una actividad o tarea concreta. El capítulo 19 contiene tácticas adicionales para planificar grandes segmentos de tiempo de estudio de forma manejable.

Utilizar un planificador del tiempo

Un planificador del tiempo, desglosado por días, horas y minutos y organizado con antelación, puede ser una de las herramientas de productividad personal más poderosas. Te permite ver dónde puedes consolidar y crear bloques de tiempo para concentrarte en el trabajo. De la misma manera que tu colegio te da un horario que dice «9:00-9:50, 1ª hora, Matemáticas; 10:00-10:50, 2ª hora, Historia», tú puedes crear tu propio horario predeterminado para tu tiempo no estructurado (fig. 2).

Sábado		Domingo	
9:00 - 10:30	Lectura de Inglés	Mañana	Pasar tiempo con la familia
10:30 - 10:45	Descanso		
		12:30 - 2:00	Informe de laboratorio
10:45 - 12:15	Problemas de matemáticas	2:00 - 5:00	Voluntariado
12:15 - 2:00	Comida con la familia		
2:00 - 3:00	Práctica de violín		

Figura 2. Horario de fin de semana

Durante estas horas de trabajo programadas, apaga tu teléfono y otros dispositivos, elimina todas las distracciones y trabaja durante todo el tiempo que dure tu plan autoestructurado. Uno de los mejores hábitos de trabajo es levantarse temprano y abordar algunas tareas por la mañana durante dos o tres horas. Puedes conseguir hacer el triple de trabajo en una mañana de fin de semana, cuando tus amigos aún no se han levantado y todavía no es la hora de las obligaciones familiares.

Muchos peces pequeños

Trabajar en grandes proyectos no es el único tipo de aprendizaje que harás en la escuela. Esta, en cualquier nivel, también consiste en aprender y retener información de forma permanente. Para asimilar una gran cantidad de información, como hechos históricos y fórmulas matemáticas, tu cerebro necesita repasar la nueva información repetidamente durante semanas o meses. El aprendizaje de nuevas habilidades, como la resolución de una ecuación diferencial o tocar un instrumento, también requiere repetición en forma de práctica.

En la escuela secundaria, tu horario de clases puede ocupar la mayor parte del tiempo de los días lectivos de la semana, pero esto también será cierto en la universidad hasta cierto punto. Tu horario para el día te lo dan, en gran medida, ya planificado. El tiempo que tienes para los deberes puede estar disperso a lo largo de ese horario en forma de una sesión de estudio de cuarenta y cinco minutos o de una hora y media entre dos clases de la universidad.

Debes reservar determinados tipos de estudio para estos períodos más cortos. Estudiar para un examen es un ejemplo de algo que tendrás que hacer una y otra vez en breves períodos de tiempo. El aprendizaje de nueva información requiere a nuestro cerebro mucho tiempo y exige repetición. Por eso, estudiar para un examen la noche anterior hará que no recuerdes casi nada de lo que has aprendido meses o incluso semanas después de haberte examinado.

En lugar de atiborrarte, puedes decidir estudiar para un próximo examen durante una sesión de estudio (fig. 3), pero elige solo la cantidad de material suficiente que puedas abarcar en cuarenta y cinco minutos. No intentes estudiar todo el material para el examen ni intentes hacer todo un trabajo trimestral si solo tienes cuarenta y cinco minutos. Para cuando te orientes y pongas en orden tus pensamientos para escribir, el tiempo estará casi por terminar.

Otras buenas tareas que hacer en la sala de estudio son repasar las fichas de una clase de lengua extranjera, leer un capítulo de un libro asignado como tarea y repasar tus apuntes utilizando los métodos de aprendizaje que verás en el capítulo 15.

Sala de estudio

Lunes:	Ejercicios de matemáticas
Martes:	Leer el capítulo 1 de 1984
Miércoles:	Lectura para Historia
Jueves:	Problemas de matemáticas
Viernes:	Hacer las fichas para la unidad 10 de Castellano

Figura 3. Ejemplo de horario para la sala de estudio

¡Trágate ese sapo!

1. Piensa continuamente en las diferentes formas de ahorrar, programar y combinar grandes períodos de tiempo. Utiliza estos ratos para trabajar en las tareas importantes con las consecuencias más significativas a largo plazo.

2. Haz que cada minuto cuente. Trabaja de forma constante y continua, sin distracciones, planificando y preparando tu trabajo con antelación. Sobre todo, céntrate en los resultados más importantes de los que eres responsable.

3. Elige cuidadosamente las tareas que va a realizar en función del tiempo de que dispongas. Relega el refuerzo de la memoria a períodos cortos de tiempo, y céntrate en proyectos a largo plazo cuando tengas varias horas para trabajar.

7
Aplicar la regla del 80/20 para todo

Siempre tenemos tiempo suficiente,
si lo utilizamos correctamente.

Johann Wolfgang von Goethe

La regla del 80/20 es uno de los conceptos más útiles para la gestión del tiempo y la vida. También se denomina «Principio de Pareto» por el economista italiano Vilfredo Pareto, que escribió por primera vez sobre él en 1895. Este hombre se dio cuenta de que las personas de su sociedad parecían dividirse de forma natural en lo que él llamaba los «pocos vitales», el 20 % superior en términos de dinero e influencia, y los «muchos triviales», el 80 % inferior.

Más tarde descubrió que prácticamente toda la actividad económica también estaba sujeta a este principio. Por ejemplo, esta regla dice que el 20 % de tus actividades supondrá el 80 % de tus resultados. En los negocios, el 20 % de los clientes supondrá el 80 % de las ventas, el 20 % de los productos o servicios resultará en el 80 % de los beneficios, el 20 % de las tareas supondrá el 80 % del valor de cualquier empleado, etc. Esto significa que si tiene una lista de diez elementos que hacer, dos de esos elementos resultarán valer mucho más que los otros ocho juntos.

Puede parecer un reto aplicar la regla del 80/20 en tu trabajo escolar. Al fin y al cabo, no puedes decidir que una clase que necesitas no te sirve de nada y dejarla de lado, ni tampoco puedes decidir que unos cuantos exámenes son menos importantes y decidir no hacerlos.

La regla del 80/20 no consiste en eliminar el 80 % inferior, sino en ayudarte a distribuir tu tiempo más eficazmente. Deberías dedicar más de tu tiempo en el 20 % importante y menos en el 80 % inferior.

Número de tareas frente a la importancia de las mismas

He aquí un descubrimiento interesante. Cada una de las diez tareas puede llevar la misma cantidad de tiempo. Pero una o dos de esas faenas aportarán cinco o diez veces el valor de cualquiera de las otras.

A menudo, una sola tarea puede valer más que todos los otros nueve elementos juntos. Esta es, invariablemente, el sapo que debes tragarte primero.

¿Puedes adivinar en qué elementos es más probable que la persona media procrastine? La triste realidad es que la mayoría de las personas procrastinan el 10 o el 20 por ciento de los asuntos que son más valiosos e importantes, los «pocos vitales». En cambio, se ocupan del 80 % menos importante, los «muchos triviales» que contribuyen muy poco a los resultados.

Cuando se tiene una gran variedad de tareas que hacer para una clase, estas tendrán inevitablemente un rango variado de importancia. Los deberes y las pruebas periódicas valdrán menos puntos, y los proyectos importantes, como los exámenes o los trabajos trimestrales, supondrán una parte mucho mayor de tu calificación.

La regla del 80/20 es una lente útil que puede ayudarte a ver qué tareas requieren tu atención y la mayor parte de tu tiempo. ¡Esto no quiere decir que debas ignorar ese examen! Pero deberías asegurarte de no dedicar demasiado tiempo a las tareas de menor valor y descuidar el estudio para los exámenes que valen más y el trabajo en proyectos de mayor envergadura.

Centrarse en las actividades, no en los logros

Es posible que veas a personas que parecen estar ocupadas todo el día, pero que parecen lograr muy poco. Esto se debe casi siempre a que están ocupados trabajando en tareas de escaso valor mientras procrastinan una o dos actividades que, si las completaran rápido y bien, podrían marcar una verdadera diferencia en sus vidas. Por ejemplo, trabajar en un informe de laboratorio complejo o en un trabajo de investigación que valga el 30 % de la nota es mucho más importante que los ejercicios diarios de escritura de un diario que valen colectivamente solo el 10 % de la nota. No tiene sentido dedicar muchas horas a la tarea pequeña si eso significa que tendrás menos tiempo para dedicar a la faena grande.

Los cometidos más valiosos que puedes hacer cada día suelen ser los más difíciles y complejos. Pero el beneficio y las recompensas por completar estas tareas de forma eficiente pueden ser enormes. Por ejemplo, trabajar en un informe de laboratorio complejo o en un trabajo de investigación que vale el 30 % de tu nota es mucho más importante que los ejercicios del diario que, en conjunto, solo valen el 10 % de la nota. No tiene sentido dedicar muchas horas a la labor pequeña si eso significa que tendrás menos tiempo que dedicar a la grande. Por esta razón, debes negarte rotundamente a trabajar en las faenas que pertenecen al 80 % inferior mientras te queden tareas del 20 % superior por hacer.

Antes de empezar a trabajar, pregúntate siempre: «¿Está esta tarea en el 20 por ciento superior de mis actividades o en el 80 por ciento más bajo?»

Regla: Resiste la tentación de quitarte de encima primero las cosas pequeñas.

La parte más difícil de cualquier tarea importante es empezar a realizarla. Una vez que empieces a trabajar en una labor valiosa, te sentirás naturalmente motivado para continuar. A una parte de tu mente le encanta estar ocupada trabajando en tareas importantes que realmente pueden marcar la diferencia. Tu trabajo consiste en alimentar esta parte de tu mente continuamente.

Gestión de tus múltiples actividades

La regla del 80/20 puede ser especialmente útil cuando tengas que evaluar tus actividades extracurriculares. Cuando pienses en tus objetivos vitales, considera cómo te ayuda cada una de esas actividades a alcanzarlos. Aunque es importante tener una selección completa de estas, también es probable que solo una o dos de ellas te hagan avanzar hacia tus objetivos.

Si vas atrasado con las clases o te sientes tan estresado que afecta a tu rendimiento, examina detenidamente todas tus actividades. ¿Cuáles son las más importantes para tu futuro? ¿Cuáles tendrán un impacto directo y medible en la consecución de tus objetivos?

Una vez que hayas identificado el 20 % de tus responsabilidades que te ayudarán a tener éxito, tendrás una guía clara que te indicará cuánto tiempo y esfuerzo debes dedicar a cada área de tu vida, y posiblemente una idea de qué actividades debes abandonar.

Motivarse a sí mismo

El mero hecho de pensar en empezar y terminar una tarea importante te motiva y ayuda a superar la procrastinación. El hecho es que el tiempo necesario para completar un trabajo importante suele ser el mismo que el requerido para hacer un trabajo sin importancia. La diferencia es que uno se siente tremendamente orgulloso y satisfecho de haber completado algo valioso y significativo. Sin embargo, cuando se realiza una tarea de poca importancia empleando la misma cantidad de tiempo y energía, la satisfacción es escasa o nula.

La gestión del tiempo es, en realidad, la gestión de la vida, la gestión personal. Es manejar la secuencia de los acontecimientos. La gestión del tiempo es tomar el control sobre lo que se va a hacer a continuación, y siempre se es libre de elegir la tarea que se va a hacer. Tu capacidad para discernir entre lo que importa y lo que no es el factor clave de tu éxito en la vida y en el trabajo.

Las personas eficaces y productivas se disciplinan para empezar la tarea más importante que tienen frente a ellos. Se obligan a tragarse ese sapo, sea cual sea. Como resultado, logran mucho más que la persona media y, en consecuencia, son mucho más felices. Esta debería ser también tu forma de trabajar.

¡Trágate ese sapo!

1. Haz una lista de todos los objetivos, actividades, proyectos y responsabilidades clave en tu vida actual. ¿Cuáles de ellos están, o podrían estar, en el 10% o 20% de las tareas que representan, o podrían representar, el 80% o 90% de tus resultados?

2. Proponte hoy que vas a dedicar más tiempo a trabajar en esas pocas áreas que realmente pueden marcar la diferencia en tu vida y en tu éxito académico, y que vas a dedicar menos tiempo a actividades de menor valor.

8

Dividir la tarea en partes

El comienzo de un hábito es como un hilo invisible, pero
cada vez que repetimos la acción reforzamos la hebra,
le añadimos otro filamento, hasta que se convierte
en un gran cable y nos guía irremediablemente,
en el pensamiento y en el comportamiento.

ORISON SWETT MARDEN

Una de las principales razones para procrastinar las tareas
importantes es que parecen enormes y formidables cuando
las abordas por primera vez.

Utilizar el método de la «loncha de salami»

Una técnica que puedes utilizar para reducir el tamaño de
una gran tarea es el método de la «loncha de salami» para ir
avanzando con el trabajo. Con este método, dispones la tarea en detalle, escribiendo cada paso en orden, y luego deci-

des hacer solo una porción del trabajo por el momento, como si te comieras un embutido de salami de rodaja en rodaja.

De hecho, así es como funcionan tus deberes. Tus profesores tienen la enorme tarea de transmitirte grandes cantidades de conocimientos. Imagina que alguien se dirigiera a un físico y le dijera: «Necesito que le enseñes toda la física a un niño de quince años que nunca la ha estudiado». Intimidante, ¿no crees? Pero, ¿qué hace tu profesor? Desglosa la física en un conjunto de principios que se apoyan unos en otros y te los enseña uno a uno.

Cada tarea que tienes es una rodaja de la disciplina académica más amplia que estás aprendiendo.

Psicológicamente, te resultará más fácil hacer una sola parte más pequeña de un gran proyecto que empezar con toda la tarea. A menudo, una vez que has empezado y completado una sola parte, te apetecerá hacer un trozo más. Te encontrarás trabajando en la faena parte por parte, y antes de que te des cuenta, todo estará terminado.

Desarrollar una compulsión por terminar

Un punto importante que debes recordar es que tienes, en lo más profundo de tu ser, un «impulso de finalización», o lo que se suele denominar «compulsión por terminar». Esto significa que en realidad te sientes más feliz y más poderoso cuando empiezas y terminas una tarea de cualquier tipo. Satisfaces una profunda necesidad subconsciente de dar carácter definitivo a una tarea o proyecto. Esta sensación de finalización o cierre te motiva a empezar la siguiente tarea o proyecto y a persistir hasta haberla terminado de forma completa. Este acto de finalización desencadena la liberación de endorfinas, las sustancias químicas neurológicas que te ayudan a afrontar el estrés o el dolor. Cuando se liberan, provocan una agradable sensación de energía y una leve euforia.

Cuanto más grande sea la tarea que inicies y completes, mejor y más eufórico te sientes. Cuanto más grande sea el sapo que te tragues, mayor será la oleada de poder y energía personal que experimentes.

Cuando comienzas y terminas una pequeña parte de una tarea, te sientes motivado para empezar y acabar otra parte, luego otra, y así sucesivamente. Cada pequeño paso adelante te llena de energía. Pronto desarrollarás un impulso interno que te motivará a seguir hasta el final.

Haz «queso suizo» de tus tareas

Otra técnica que puedes utilizar es el método de trabajo del «queso suizo». Con esta técnica te pones en marcha proponiéndote hacerle un agujero a tu trabajo, como si agujerearas un bloque de queso suizo. En lugar de empezar troceando la tarea, como en el método del salami, simplemente empiezas a trabajar en la parte de la faena que puedas hacer inmediatamente.

Un trabajo se convierte en un «queso suizo» cuando te propones trabajar en él durante un tiempo determinado. Puede ser tan solo cinco o diez minutos, después de los cuales pararás y harás otra cosa. Solo le darás un mordisco al sapo y luego descansarás o harás otra cosa.

El poder de este método es similar al del método del salami. Una vez que empiezas a trabajar, desarrollas una sensación de impulso hacia adelante y un sentimiento de logro. Te sientes lleno de energía y entusiasmo. Te sientes internamente motivado e impulsado a seguir adelante hasta completar la tarea.

Deberías probar el método de la loncha de salami o el del queso suizo en cualquier tarea que te parezca abrumadora cuando la abordas por primera vez. Te sorprenderá lo útil que es cada técnica para superar la procrastinación. Tengo varios amigos que se han convertido en autores de superventas simplemente decidiendo escribir una página o incluso un párrafo al día hasta que su libro estuviera terminado. Conozco a personas que terminaron su tesis tres veces más rápido que sus compañeros, simplemente porque decidieron no dejar pasar ni un solo día sin escribir una página completa del trabajo, pase lo que pase. Y tú puedes hacer lo mismo.

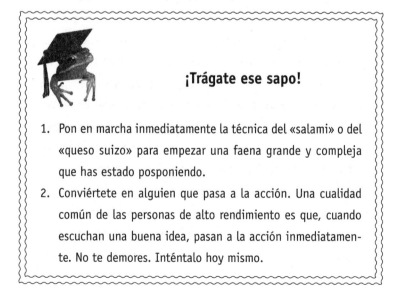

¡Trágate ese sapo!

1. Pon en marcha inmediatamente la técnica del «salami» o del «queso suizo» para empezar una faena grande y compleja que has estado posponiendo.

2. Conviértete en alguien que pasa a la acción. Una cualidad común de las personas de alto rendimiento es que, cuando escuchan una buena idea, pasan a la acción inmediatamente. No te demores. Inténtalo hoy mismo.

TERCERA PARTE
Estudiar algo
que no te interesa
y hacerlo bien

Siempre tendrás que hacer cosas en tu vida que no te interesan, pero esto puede ser particularmente frustrante cuando todavía estás en la escuela. Aunque sepas que quieres ser ingeniero, tendrás que pasar por años de clases de historia e inglés. Es posible que aspires a ser músico, pero aun así tendrás que ir a clase de gimnasia y de matemáticas. Y a pesar de lo que sientas por las clases, sabes que lo que estás aprendiendo es valioso. Motivarse para profundizar en temas que no te apasionan puede ser un reto, pero cuando llegue el final del año, tu expediente académico reflejará las notas que has obtenido en todas tus clases, ¡no solo en las que te gustan!

Las técnicas y herramientas para cambiar tu mentalidad que encontrarás en esta parte te ayudarán a abordar estratégicamente todos esos temas que no te interesan. Abarcan marcos y estructuras mentales que te ayudarán a pensar en tu trabajo de nuevas maneras para que pueden generar una auténtica motivación interna. También ofrecen métodos y herramientas de organización que te ayudarán a completar las faenas en las que te cuesta generar esa motivación.

9

Considerar las consecuencias

Escribe los daños en polvo, los beneficios en mármol.

BENJAMIN FRANKLIN

Lo que distingue al pensador superior es su capacidad para predecir con precisión las consecuencias de hacer o no hacer algo. Las consecuencias potenciales de cualquier tarea o actividad son los factores clave que determinan el esfuerzo que se debe realizar en una tarea o clase concreta. Esta forma de evaluar la importancia de una faena es la manera de determinar cuál es tu próximo sapo.

El Dr. Edward Banfield, de la Universidad de Harvard, tras más de cincuenta años de investigación, llegó a la conclusión de que una «perspectiva a largo plazo» es el indicador más preciso de la movilidad social y económica ascendente en Estados Unidos. La perspectiva a largo plazo resulta ser más importante que los antecedentes familiares, la educación, la raza, la inteligencia, las conexiones o prácticamente cualquier otro factor a la hora de determinar el éxito en la vida y en el trabajo.

Tu actitud hacia el tiempo, tu «horizonte temporal», tiene un enorme impacto en tu comportamiento y tus elecciones. Las personas que tienen una visión a largo plazo de sus vidas y carreras parecen tomar siempre decisiones mucho más acertadas sobre su tiempo y sus actividades que las personas que piensan muy poco en el futuro.

Cuando se te exige que estudies algo que tiene poco o ningún interés para ti, es importante que pienses en las posibles consecuencias de no hacer el trabajo o de no ir bien en la clase. Puede ser que tu nota en esta asignatura siga siendo una parte importante de una solicitud de trabajo o de la universidad. Saber esto puede aumentar drásticamente tu motivación para trabajar duro en algo que no disfrutas.

Regla: El pensamiento a largo plazo mejora
la toma de decisiones a corto plazo.

Las personas con éxito tienen una clara orientación hacia el futuro. Piensan en el futuro a cinco, diez y veinte años vista. Analizan sus elecciones y comportamientos en el presente para asegurarse de que lo que hacen hoy es coherente con el futuro a largo plazo que desean.

Como estudiante, estás en un momento de tu vida en el que tus elecciones a largo plazo pueden tener un gran impacto en tu futuro. Las decisiones que tomes sobre las clases que vas a tomar y las oportunidades que vas a perseguir tienen un enorme potencial para permitir tu éxito futuro.

Tomar mejores decisiones sobre el tiempo

Tener una idea clara de lo que es realmente importante para ti a largo plazo te facilita mucho la toma de decisiones sobre tus prioridades a corto plazo.

Por definición, algo que es importante tiene consecuencias potenciales a largo plazo. Algo que no lo es tiene pocas o ninguna consecuencia potencial a la larga. Antes de empezar cualquier cosa, siempre debes preguntarte: «¿Cuáles son las consecuencias potenciales de hacer o no hacer esta tarea?».

> **Regla:** La intención futura influye y a menudo determina las acciones presentes.

Cuanto más claras sean tus intenciones futuras, mayor influencia tendrá esa claridad en lo que hagas en el presente. Con una visión clara a largo plazo, eres mucho más capaz de evaluar una actividad en el momento para asegurarte de que es coherente con el lugar al que realmente quieres llegar.

Piensa a largo plazo

Las personas con éxito son aquellas que están dispuestas a retrasar la gratificación y a hacer sacrificios a corto plazo para poder disfrutar de mayores recompensas a la larga. Por el contrario, las personas que no tienen éxito piensan más en el placer a corto plazo y en la gratificación inmediata, sin pensar en el futuro. Puede ser más divertido en el momento descuidar tu trabajo de matemáticas en casa en favor de un concierto, pero la nota que recibas en esa clase puede tener un impacto significativo en tus oportunidades futuras.

Denis Waitley, conferenciante motivacional, dice: «Los perdedores intentan escapar de sus miedos y de la monotonía con actividades que alivian la tensión. Los ganadores están motivados por sus deseos hacia actividades con las que lograrán sus objetivos».

Por ejemplo, leer con antelación los deberes de clase, reunirte con tus profesores en las horas de oficina o fuera del aula y leer libros sobre cómo estudiar y aprender más eficazmente, todo ello se combinará para tener un enorme impacto positivo en tu futuro. Por el contrario, hacer lo mínimo para entregar un trabajo, pasar todo el tiempo libre socializando y renunciar a todas las oportunidades extracurriculares puede parecer divertido y agradable a corto plazo, pero inevitablemente conduce a malas calificaciones, bajo rendimiento y frustración a largo plazo.

Si unos deberes o actividad tienen un gran potencial de consecuencias positivas, conviértelos en una prioridad absoluta y empieza a trabajar en ellos inmediatamente. Si algo puede tener grandes consecuencias negativas potenciales de no hacerse rápido y bien, también se convierte en una prioridad absoluta. No importa cuál sea tu sapo, decídete a engullirlo a primera hora.

La motivación requiere un objetivo. Cuanto mayor sea el impacto positivo potencial que una acción o comportamiento tuyo puede tener en tu vida, una vez que lo definas claramente, más motivado estarás para superar la procrastinación y hacerlo rápidamente.

Mantente centrado y no dejes de avanzar, inicia y completa continuamente aquellos trabajos que pueden marcar una gran diferencia en tu futuro.

El reloj va a seguir corriendo, lo aproveches o no. La única cuestión es cómo vas a utilizar tu tiempo y hasta dónde habrás llegado una vez hayan pasado las semanas y los meses. Y donde acabes depende en gran medida de la cantidad de consideración que le des a las probables consecuencias de tus acciones a corto plazo.

Pensar continuamente en las posibles ramificaciones de tus elecciones, decisiones y comportamientos es una de las mejores maneras de motivarte para emprender incluso las tareas más desagradables.

Obedecer la ley de eficiencia forzada

La ley de la eficiencia forzada dice: «Nunca hay tiempo suficiente para hacerlo todo, pero siempre hay tiempo suficiente para hacer lo más importante». Dicho de otro modo, no puedes tragarte todos los renacuajos y sapos del estanque, pero puedes tragarte el sapo más grande y feo, y eso será suficiente, al menos por el momento.

Cuando se te acaba el tiempo y sabes que las consecuencias de no completar una tarea o proyecto clave pueden ser realmente graves, siempre pareces encontrar el tiempo para hacerlo, a menudo en el último minuto. Empiezas temprano, trabajas hasta altas horas de la noche y te empeñas en terminar el trabajo antes de enfrentarte a la desagradable situación que se produciría si no lo terminas antes de la fecha límite.

> **Regla:** Nunca habrá tiempo suficiente para hacer
> todo lo que tienes que hacer.

Lo que esto significa es que nunca te pondrás al día. Sin embargo, siempre podrás estar al tanto de tus responsabilidades más importantes. Las demás tendrán que esperar.

Los plazos son una excusa

Muchas personas dicen que trabajan mejor bajo la presión de los plazos. Desgraciadamente, años de investigación indican que esto rara vez es cierto.[1]

Bajo la presión de los plazos, a menudo autocreados por la procrastinación, la gente sufre más estrés, comete más errores y tiene que rehacer más tareas que bajo cualquier otra condición. Puede resultar gratificante escribir la tarea en el último minuto, de una sola vez, pero la calidad del trabajo será sin duda menor. A veces, una faena tarda mucho más en completarse cuando la gente se apresura a terminarla en el último minuto y luego tiene que rehacerla.

Es mucho mejor planificar cuidadosamente el tiempo de antemano y luego incorporar un tiempo extra considerable que haga de colchón para compensar los retrasos y desvíos imprevistos. Por mucho tiempo que creas que te va a llevar una tarea, añade otro 20 % o más como seguro. Planifica la finalización de tus deberes unos días antes de la fecha de entrega; haz un juego de terminarlas con bastante antelación. Intenta empezar tus faenas (incluso las de larga duración) el día o el día después de que te las asignen. Te sorprenderá lo relajado que te encuentras y lo bien que trabajas cuando estás al día de tus tareas más importantes.

Dos preguntas para una máxima productividad

Puedes utilizar dos preguntas de forma regular para mantenerte centrado en la realización de tus tareas más importantes dentro del plazo previsto. La primera es: «¿Cuáles son mis actividades de más alto valor?». Dicho de otro modo, ¿cuáles son los sapos más grandes que tienes que tragar para lograr el mayor impacto en tus calificaciones? ¿Y en tu familia? ¿Y en tu vida en general?

Esta es una de las preguntas más importantes que puedes hacerte y responder. ¿Cuáles son tus actividades de más alto valor? En primer lugar, piénsalo tú mismo. Después, pregunta a tu tutor, a tus padres y profesores. Pregunta a tus amigos, elige hacérsela a los que están en tu curso o unos años por delante de ti. Igual que cuando enfocas el objetivo de una cámara, debes tener muy claro antes de empezar a trabajar cuáles son tus actividades de más alto valor.

La segunda pregunta que puedes hacerte es: «¿Cuál es el uso más valioso de mi tiempo en este momento»? En otras palabras, «¿cuál es mi mayor sapo en este momento?».

Esta es la cuestión central de la gestión del tiempo. Responder correctamente a esta pregunta es la clave para superar la procrastinación y convertirse en una persona altamente productiva. En cada hora de cada día hay una tarea que representa el uso más provechoso de tu tiempo en ese momento. Tu trabajo es hacerte esta pregunta, una y otra vez, y estar siempre centrado en la respuesta a la misma, sea cual sea. Durante las horas lectivas, tu respuesta debe ser siempre prestar mucha atención en cualquier clase en la que te encuentres en ese momento. Centrarse en el material de la asignatura a medida que se presenta es tan poderoso como la regla del 10/90.

Así como la planificación puede ahorrarte mucho tiempo, también lo hace el prestar atención en clase. Si has asimilado la información tal y como te la presenta tu profesor, te resultará mucho más fácil comprender los deberes, volver a estudiar el material para el examen y sintetizar tus ideas para una tarea importante.

Cuanto más precisas sean tus respuestas a estas dos preguntas, más fácil te resultará establecer prioridades claras, superar la procrastinación y ponerte a trabajar en esa actividad que representa el uso más valioso de tu tiempo.

¡Trágate ese sapo!

1. Revisa regularmente tu lista de deberes, actividades y proyectos. Pregúntate continuamente: «¿Qué proyecto o actividad, si lo hiciera de forma excelente y a tiempo, tendría las mayores consecuencias positivas en mi trabajo o vida personal?».

2. Determina la cosa más importante que podrías estar haciendo cada hora de cada día y luego disciplínate para trabajar continuamente en usar tu tiempo de forma más provechosa. ¿Qué es esa cosa para ti ahora mismo?

3. No importa qué pueda serte de ayuda, fíjalo como objetivo, haz un plan para conseguirlo y ponte a trabajar en ese plan inmediatamente. Recuerda las maravillosas palabras de Goethe: «Simplemente comienza y la mente se calienta. Continúa y el trabajo se completará».

10

Ir paso a paso con tus metas

Las personas con poderes comparativamente moderados
lograrán mucho si se aplican total e infatigablemente
a una cosa a la vez.

SAMUEL SMILES

Hay un viejo refrán que dice que «por metros es difícil; pero centímetro a centímetro, ¡todo es pan comido!».

Cuando te enfrentas a un tema o una tarea que te interesa muy poco, una de las mejores maneras de abordarlo es apartar tu mente de la enorme faena que tienes por delante y centrarte en una sola acción mucho más reducida en envergadura con la que puedas ponerte a trabajar.

Lao-tzu escribió: «Un viaje de mil leguas comienza con un solo paso». Esta es una gran estrategia para superar la procrastinación y conseguir hacer más cosas con mayor rapidez.

Cruzar un gran desierto

Hace muchos años, conduciendo un viejo Land Rover, atravesé el corazón del desierto del Sahara, el Tanezrouft, en lo más profundo de la actual Argelia. Por aquel entonces, el desierto llevaba años abandonado por los franceses, y las estaciones de servicio originales estaban vacías y cerradas.

El camino por el desierto tenía 800 kilómetros en un solo tramo, sin agua ni comida, sin brizna de hierba alguna y ni siquiera una sola mosca a la vista.

Era totalmente plano, como un amplio aparcamiento de arena amarilla que se extendía hasta el horizonte en todas las direcciones.

Más de 1300 personas habían perecido en la travesía de ese tramo del Sahara en años anteriores. A menudo, las arenas a la deriva habían borrado los senderos que cruzaban el desierto y los viajeros se habían perdido de noche, para no volver a ser vistos con vida.

Con el fin de contrarrestar la falta de señales distintivas en el terreno, los franceses habían marcado la pista con bidones negros de aceite de doscientos litros cada cinco kilómetros, que era exactamente la distancia hasta el horizonte, formado por la curvatura de la Tierra.

Por eso, durante el día, siempre podíamos ver dos barriles de petróleo: el que acabábamos de pasar y el que teníamos cinco kilómetros por delante. Y eso era exactamente lo que necesitábamos para mantener el rumbo.

Todo lo que teníamos que hacer era dirigirnos hacia el siguiente barril de petróleo. Como resultado, pudimos cruzar el mayor desierto del mundo simplemente yendo «de barril en barril».

Da un paso a la vez

De la misma manera, puedes completar incluso las tareas menos agradables de tu vida si te disciplinas para dar un paso a la vez. Tu trabajo es ir tan lejos como te alcance la vista. Así, cuando llegues a la pequeña meta, podrás ver lo suficiente como para ir aún más lejos.

Para llevar a cabo una gran labor, debes dar un paso de fe y tener plena confianza en que pronto tendrás claro cuál será el siguiente paso. Recuerda este maravilloso consejo: «¡Salta... y la red aparecerá!»

La excelencia en cualquier empeño se obtiene realizando las tareas de una en una, con rapidez y bien, y luego pasando a la siguiente faena. La independencia financiera se consigue ahorrando un poco de dinero cada mes, año tras año. La salud y la forma física se consiguen comiendo un poco menos y haciendo un poco más de ejercicio, día tras día y mes tras mes.

Puedes superar la procrastinación y lograr cosas extraordinarias si das el primer paso, si empiezas a avanzar hacia tu objetivo y si avanzas un paso, un barril de petróleo, tras otro.

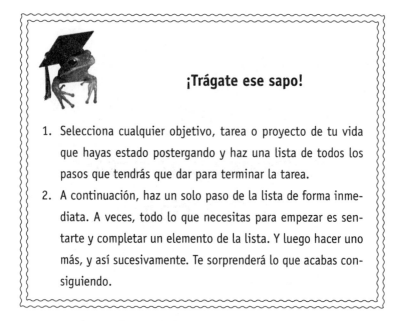

¡Trágate ese sapo!

1. Selecciona cualquier objetivo, tarea o proyecto de tu vida que hayas estado postergando y haz una lista de todos los pasos que tendrás que dar para terminar la tarea.

2. A continuación, haz un solo paso de la lista de forma inmediata. A veces, todo lo que necesitas para empezar es sentarte y completar un elemento de la lista. Y luego hacer uno más, y así sucesivamente. Te sorprenderá lo que acabas consiguiendo.

11

Motivarse para pasar a la acción

Es en el entusiasmo irresistible por la aventura y la victoria,
y en la acción creativa, donde el hombre encuentra
sus alegrías supremas.

ANTOINE DE SAINT-EXUPÉRY

Para rendir al máximo, debes convertirte en tu propio porrista personal. Debes desarrollar una rutina para entrenarte a ti mismo y animarte a jugar al máximo. Esto es especialmente cierto en el caso de las tareas y requisitos que no te entusiasman o apasionan.

La mayoría de tus emociones, positivas o negativas, están determinadas por la forma en que te hablas a ti mismo minuto a minuto. No es lo que te ocurre, sino la forma en que interpretas las cosas que te ocurren lo que determina cómo te sientes. Tu versión de los acontecimientos decide en gran medida si estos te motivan o desmotivan, si te dan energía o te la arrebatan.

Para mantenerte motivado, debes decidir ser un optimista total. Debes proponerte responder positivamente a las palabras, acciones y reacciones de la gente y las situaciones que te rodean. Debes negarte a dejar que las inevitables dificultades y contratiempos de la vida diaria afecten a tu estado de ánimo o a tus emociones.

Si te quedas pensando en lo desagradables que te resultan los requisitos académicos, solo conseguirás que se te haga más difícil cumplirlos. En su lugar, debes disciplinarte para centrarte en las cosas positivas que el cumplimiento de estos requisitos aportará a tu vida.

Controla tu diálogo interior

Tu nivel de autoestima, el grado de satisfacción y respeto por ti mismo, es fundamental para tus niveles de motivación y perseverancia. Debes hablarte a ti mismo de forma positiva todo el tiempo para aumentar tu autoestima. Di: «¡Me gusto! ¡Me gusto!» una y otra vez hasta que empieces a creértelo y te comportes como una persona con una personalidad de alto rendimiento. Para mantenerte motivado y superar los sentimientos de duda o miedo, dite continuamente: «¡Puedo hacerlo! ¡Puedo hacerlo!». Cuando la gente te pregunte cómo estás, di siempre «¡Me siento de maravilla!».

Independientemente de cómo te sientas en ese momento o de lo que esté ocurriendo en tu vida, decídete a permanecer alegre y optimista. Como escribió Viktor Frankl, superviviente del Holocausto y famoso escritor y filósofo, en su exitoso libro *El hombre en busca de sentido*: «La última de las libertades humanas [es] elegir la propia actitud en cualquier conjunto de circunstancias».

No te quejes de tus problemas. Guárdatelos para ti mismo. Como dice el conferenciante y humorista Ed Foreman: «Nunca debes compartir tus problemas con los demás porque, de todos modos, al 80 % de la gente no le importan, y el otro 20 % se alegra de que los tengas en primer lugar».

Desarrollar una actitud mental positiva

En el estudio de veintidós años de Martin Seligman en la Universidad de Pensilvania, resumido en su libro *Learned Optimism*, determinó que el optimismo es la cualidad más importante que se puede desarrollar para el éxito y la felicidad personal y profesional. Las personas optimistas parecen ser más eficaces en casi todos los ámbitos de la vida.

Resulta que los optimistas tienen cuatro comportamientos especiales, todos ellos aprendidos mediante la práctica y la repetición. En primer lugar, los optimistas buscan lo bueno en cada situación. No importa lo que vaya mal, siempre buscan algo bueno o beneficioso en ello. Y no es de extrañar que siempre lo encuentren. En segundo lugar, los optimistas siempre buscan una lección valiosa en cada contratiempo o dificultad. Creen que «los problemas no vienen a obstruir sino a instruir». Consideran que cada contratiempo u obstáculo contiene una valiosa lección de la que pueden aprender y crecer, y están decididos a encontrarla. En tercer lugar, los optimistas siempre buscan la solución a cada problema. En lugar de culpar o quejarse cuando las cosas van mal, se orientan a la acción. Se hacen preguntas como «¿Cuál es la solución? ¿Qué podemos hacer ahora? ¿Cuál es el siguiente paso?».

En cuarto lugar, los optimistas piensan y hablan continuamente de sus objetivos. Tienen en mente lo que quieren y cómo conseguirlo. Piensan y hablan del futuro y de hacia dónde se dirigen, más que del pasado y de dónde vienen. Siempre miran hacia adelante y no hacia atrás.

Cuando visualizas continuamente tus objetivos e ideales y te hablas a ti mismo de forma positiva, te sientes más centrado y con energía. Te sientes más seguro y creativo. Experimentas una mayor sensación de control y poder personal.

Incluso cuando tengas que realizar una tarea que no te guste o a la que no le veas mucho valor, una actitud optimista te proporcionará la motivación para impulsarte a través de las tareas y los trabajos necesarios.

¡Trágate ese sapo!

1. Controla tus pensamientos. Recuerda que te conviertes en lo que piensas la mayor parte del tiempo. Asegúrate de que piensas y hablas de las cosas que quieres y no de las que no quieres.

2. Mantén tu mente positiva aceptando la completa responsabilidad de ti mismo y de todo lo que te ocurra. No critiques a los demás, ni te quejes, ni culpes a los demás de nada. Puede que se te pida que tomes una clase que no te guste, pero la forma en que reacciones a este requisito depende de ti. Seguirás siendo responsable de tus deberes, tus notas y tu progreso. Proponte progresar en lugar de poner excusas. Busca activamente lo que pueda ser valioso para ti personalmente, incluso si ese valor no es exactamente material.

12

Manejar individualmente cada tarea

Aquí reside el secreto del verdadero poder.
Aprende, mediante la práctica constante, a administrar
tus recursos y a concentrarlos en un momento dado
en un punto determinado.

JAMES ALLEN

¡Trágate ese sapo! Toda planificación, priorización y organización se reduce a este sencillo concepto.

Todos los grandes logros de la humanidad se han conseguido gracias a un largo período de trabajo duro y concentrado hasta que se ha terminado. Tu capacidad para seleccionar tu tarea más importante, empezarla y concentrarte en ella hasta completarla es la clave de los altos niveles de rendimiento y productividad personal.

Cuanto menos deseable sea la tarea, más rápido deberás resolverla para llevarla a cabo. La gestión individual es, sin duda, la forma más rápida de terminar con éxito cualquier cosa que te propongas. Si puedes resolver en solitario todas las faenas que no te apetecen, podrás llegar rápidamente a las clases que te entusiasman.

Una vez que te pones en marcha, sigue adelante

El procedimiento de forma individual requiere que, una vez que empieces, sigas trabajando en la tarea sin distracciones hasta que el trabajo esté completado al 100 %. Sigue convenciéndote para seguir adelante, repítete una y otra vez las palabras «¡Vuelve al trabajo!» cada vez que tengas la tentación de parar o hacer otra cosa.

Si te concentras en tu tarea más importante, puedes reducir el tiempo necesario para llevarla a cabo en un 50 % o más.

Se ha calculado que la tendencia a empezar y parar una faena (recogerla, dejarla y volver a ella) puede aumentar el tiempo necesario para completarla hasta en un 500 %. Cada vez que vuelves al trabajo, tienes que familiarizarte con el punto en el que estabas cuando te detuviste y con lo que todavía tienes que hacer. Tienes que superar la inercia y ponerte en marcha de nuevo. Tienes que coger impulso de nuevo y conseguir un ritmo de trabajo productivo.

Pero cuando te preparas a fondo y empiezas, sin parar ni apartarte hasta que el trabajo esté hecho, desarrollas energía, entusiasmo y motivación, incluso para una tarea que no quieres hacer. Mejoras y te vuelves más productivo. Trabajas más rápido y con más eficacia.

No pierdas el tiempo

La verdad es que una vez que has decidido tu objetivo número uno, cualquier otra cosa que hagas es una pérdida de tiempo. Ninguna otra actividad es tan valiosa ni tan importante como esta, según tus propias prioridades, incluso si esta faena no es una que elegirías hacer voluntariamente.

Cuanto más te disciplines a trabajar sin parar en una sola tarea, más progresarás en la «curva de eficiencia». Logras hacer cada vez más trabajo de alta calidad en menos tiempo.

Sin embargo, por cada pausa en el flujo de trabajo rompes este ciclo y retrocedes por la curva a la zona en la que cada parte de la tarea es más difícil y requiere más tiempo.

La autodisciplina es la clave

Elbert Hubbard definió la autodisciplina como «la capacidad de obligarte a hacer lo que debes hacer, cuando debes hacerlo, te apetezca o no».

A fin de cuentas, el éxito en cualquier área requiere toneladas de disciplina. La autodisciplina, el autodominio y el autocontrol son los elementos básicos del carácter y del alto rendimiento.

Empezar una tarea prioritaria y persistir en ella hasta completarla al 100 % es la verdadera prueba de tu carácter, tu fuerza de voluntad y tu determinación. La persistencia es, en realidad, autodisciplina en acción. La buena noticia es que cuanto más te disciplines para persistir en una tarea importante, más te gustarás y te respetarás a ti mismo, y más alta será tu autoestima. Y cuanto más te gustes y te respetes a ti mismo, más fácil te resultará disciplinarte para persistir aún más.

Si te centras claramente en tu tarea más valiosa y te concentras en ella hasta completarla al cien por cien, realmente das forma y moldeas tu propio carácter. Te conviertes en una persona superior. Te sientes más fuerte, más competente, más seguro y más feliz. Te sientes más poderoso y productivo.

Al final te ves capaz de establecer y alcanzar cualquier objetivo. Te conviertes en el dueño de tu propio destino. Te colocas en una espiral ascendente de eficacia personal en la que tu futuro está absolutamente garantizado.

Y la clave de todo esto es que determines la cosa más valiosa e importante que podrías hacer en cada momento y, entonces, ¡trágate ese sapo!

¡Trágate ese sapo!

1. ¡Pasa a la acción! Decídete hoy mismo a seleccionar la tarea o el proyecto más importante que puedas realizar y lánzate a ello inmediatamente.

2. Una vez que empieces tu objetivo más importante, disciplínate para perseverar sin distracciones hasta que la hayas completado al 100 %. Considéralo como una prueba para determinar si eres el tipo de persona que puede terminar aquello que se propone. Una vez que empieces, niégate a parar hasta que el trabajo esté terminado..

CUARTA PARTE
La presión de los logros

Las admisiones a la universidad nunca han sido tan competitivas como ahora. La inflación de las calificaciones se ha disparado, y la posibilidad de obtener un 4,5 de nota media en Estados Unidos cuando la escala sube oficialmente a solo 4,0, es un indicador de la realidad del mundo en el que estás compitiendo. También es posible que tengas que mantener un trabajo a tiempo parcial mientras estás en el instituto o en la universidad, lo que no hace sino intensificar la presión. Como estudiante de hoy en día, se espera que hagas algo más que estudiar: tienes que mostrar liderazgo en una serie de actividades fuera de tus clases también. Pero recuerda: ¡tú eres el responsable! Tú eres quien elige cómo afrontar este enorme reto. Tú puedes elegir cómo reaccionar ante todas estas expectativas.

Hacer frente a grandes retos requiere trabajo duro y concentración. Las técnicas de esta parte te enseñarán a pensar y a trabajar como un profesional de alto rendimiento, y a tomar decisiones estratégicas que actuarán como el combustible del cohete que te llevará al éxito.

13

Desarrollar un sentido de la urgencia

No esperes; el momento nunca será «perfecto».
Empieza desde donde estés y trabaja con las herramientas
que tengas a tu alcance, ya encontrarás mejores herramientas
a medida que vayas avanzando.

NAPOLEÓN HILL

Quizás la cualidad más identificable de los hombres y mujeres de alto rendimiento es la orientación a la acción. Tienen prisa por completar sus tareas clave.

Las personas altamente productivas se toman el tiempo necesario para pensar, planificar y establecer prioridades. A continuación, se lanzan con rapidez y firmeza hacia sus metas y objetivos. Se aplican de forma constante, fluida y continua. Cuando se trabaja con la enorme presión de alcanzar las notas más altas en la escuela, desarrollar este sentido de la urgencia puede ser un poderoso cambio de mentalidad que te impulsará hacia adelante.

Entrar en el «estado de flujo»

Cuando trabajas en tus tareas más importantes con un nivel de actividad alto y continuo, puedes entrar en un estado mental sorprendente llamado «flujo». Casi todo el mundo lo ha experimentado alguna vez. Las personas realmente exitosas son las que entran en este estado mucho más a menudo que la gente promedio.

Cuando te encuentras en el estado de flujo, que es el estado humano de mayor rendimiento y productividad, algo casi milagroso le sucede a tu mente y a tus emociones. Te sientes eufórico y despejado. Todo lo que haces te parece fácil y preciso. Te sientes feliz y enérgico. Experimentas una tremenda sensación de calma y una mayor eficacia personal.

Aprovechar esta sensación hará maravillas para combatir el estrés. Cuando alcanzas un estado de flujo, te concentras al 100 % en la tarea que tienes delante, sin preocuparte por todas las demás prioridades que reclaman tu atención.

En el estado de flujo, un fenómeno que ha sido identificado y documentado a lo largo de los siglos, funcionas realmente en un plano superior de claridad, creatividad y competencia. A menudo se te ocurren ideas brillantes y percepciones que te permiten avanzar aún más rápido.

Desencadenar el alto rendimiento en uno mismo

Una de las formas de desencadenar este estado de flujo es desarrollar el sentido de la urgencia. Se trata de un impulso interno y un deseo de ponerse a trabajar rápidamente y de hacerlo sin demora. Es una impaciencia que te motiva a ponerte en marcha y a no detenerte. El sentimiento de urgencia se parece mucho a correr una carrera contra uno mismo.

Probablemente ya hayas sentido esta urgencia cuando te apresuraste a terminar unos deberes a tiempo para alcanzar una fecha límite. La gran noticia es que puedes crear esta misma sensación de urgencia por tu cuenta y utilizarla para ganar ventaja en lugar de simplemente seguirle el ritmo a la clase.

Con este arraigado sentido de la urgencia, desarrollas una «predisposición a la acción». Pasa a la acción en lugar de hablar continuamente de lo que vas a hacer. Concéntrate en los pasos concretos que puedes dar inmediatamente. Concéntrate en las cosas que puedes hacer ahora mismo para obtener los resultados que quieres y alcanzar los objetivos que deseas.

Un ritmo rápido parece ir de la mano de todos los grandes éxitos. Desarrollar este tempo requiere que empieces a moverte y te mantengas en movimiento a un ritmo constante. Cuanto más rápido te muevas, más impulsado te sentirás a hacer aún más y con mayor rapidez. Entras en «la zona».

Desarrollar una sensación de impulso (momentum)

Cuando emprendes con regularidad acciones continuas para perseguir tus objetivos más importantes, activas el «principio del impulso del éxito». Este nos dice que, aunque al comienzo se necesita una enorme cantidad de energía para superar la inercia y empezar, después se necesita mucha menos energía para seguir adelante.

La buena noticia es que cuanto más rápido te muevas, más energía tendrás, más harás y más eficaz te sentirás. Cuanto más rápido te muevas, más aprenderás, y más competente y capaz serás en todo lo que intentes, ya sean los deberes, la música, los deportes o cualquier otra cosa que te propongas.

Cuanto más rápido trabajes y más consigas hacer, más altos serán tus niveles de autoestima, auto-respeto y orgullo personal. Sentirás que tienes el control absoluto de tu vida y de tus estudios.

¡Hazlo ahora!

Una de las formas más sencillas y a la vez más poderosas de ponerse en marcha es repetir las palabras «¡Hazlo ya! ¡Hazlo ya! ¡Hazlo ahora!» una y otra vez.

Si sientes que te ralentizas o te distraes con las conversaciones o las actividades de poco valor, repítete las palabras «¡Vuelve al trabajo! ¡Vuelve al trabajo! ¡Vuelve al trabajo!» una y otra vez.

Nada te ayudará más en tu futura carrera que conseguir la reputación de ser el tipo de persona que consigue que el trabajo importante se haga rápido y bien. Esta reputación te convertirá en una de las personas más valiosas y respetadas en tu futuro campo de trabajo. Aprender a motivarse a uno mismo para pasar a la acción cuando se es estudiante es una habilidad que te beneficiará durante el resto de tu vida. Ahora que estás estudiando, tienes una oportunidad inestimable de desarrollarla pronto, y te catapultará al éxito una y otra vez a lo largo de tu vida.

¡Trágate ese sapo!

1. Decídete hoy mismo a desarrollar tu sentido de la urgencia para cada cosa que hagas. Selecciona un área en la que tengas tendencia a posponer las cosas y toma la decisión de desarrollar el hábito de pasar rápido a la acción en esa área.

2. Cuando veas una oportunidad o un problema, actúa inmediatamente. Cuando se te asigne una tarea o una responsabilidad, hazla rápidamente. Muévete con rapidez en todas las áreas importantes de tu vida. Te sorprenderás de lo bien que se siente y de lo mucho que consigues hacer.

14
Poner la presión en ti mismo

El primer requisito para el éxito es la capacidad de aplicar
tus energías físicas y mentales a un problema de forma
incesante sin cansarte.

Thomas Edison

El mundo está lleno de gente que espera la llegada de alguien
que les motive a ser la clase de personas que siempre han
querido ser. El problema es que nadie viene al rescate.

Estos individuos están esperando la llegada del autobús en
una calle por la que no pasan buses. Si no toman las riendas
de su vida y se presionan a sí mismos, pueden acabar esperando
do eternamente. Y eso es lo que hace la mayoría de la gente.

Solo un 2 % de las personas puede trabajar completamente sin supervisión. A estos sujetos los llamamos «líde-
res». Este es el tipo de persona que estás destinado a ser y en
la que puedes convertirte si así lo decides.

Lo más probable es que, si eres el tipo de estudiante que
toma y lee este libro, ya te estás presionando para hacerlo

bien. Sin embargo, puede ser difícil distinguir entre eso y la presión que proviene de las expectativas de los padres, de las exigencias de la escuela y de los compañeros.

Aprovecha esta oportunidad para dejar todo eso de lado y pensar en ti y en lo que realmente quieres. ¿Cuál es tu objetivo?

Esta es la meta a la que debes aspirar. Cuando asumes la responsabilidad plena y haces tuyos tus objetivos, presionarte a ti mismo puede resultar vigorizante y emocionante en lugar de estresarte y desmoralizarte. Para alcanzar todo tu potencial, debes adquirir el hábito de presionarte a ti mismo y no esperar a que otro venga a hacerlo por ti. Debes elegir tus propios sapos y obligarte a comerlos siguiendo su orden de importancia.

Liderar el trabajo

Considérate a ti mismo como un modelo a seguir. Súbete el listón. El nivel de exigencia que estableces para tu propio trabajo y comportamiento debe ser más alto que el que cualquier otra persona podría establecer para ti.

Juega a empezar un poco antes, a trabajar un poco más, a practicar un poco más. Busca siempre la forma de ir más allá, de hacer algo más que los requisitos mínimos de cualquier tarea.

El psicólogo Nathaniel Branden ha definido la autoestima como «la reputación que tienes contigo mismo». Dicha reputación aumenta o disminuye con todo lo que haces o dejas de hacer. La buena noticia es que te sientes mejor contigo mismo cuando te esfuerzas por dar lo mejor de ti. Aumentas tu autoestima cada vez que vas más allá del punto en el que una persona normal se rendiría.

Crear plazos imaginarios

Una de las mejores maneras de superar la procrastinación y hacer más cosas con mayor velocidad es trabajar como si solo tuvieras un día para hacer tus tareas más importantes.

Imagina cada día que acabas de recibir un mensaje de emergencia y que mañana tienes que dejar la ciudad durante un mes. Si tuvieras que irte durante todo un mes, ¿qué te asegurarías de hacer antes de irte? Sea cual sea tu respuesta, ponte a trabajar en esa tarea ahora mismo.

Otra forma de presionarte a ti mismo es imaginar que acabas de recibir como premio unas vacaciones con todos los gastos pagados en un bonito complejo turístico, pero que vas a tener que irte mañana por la mañana de vacaciones o se las darán a otra persona. ¿Qué te empeñarías en terminar antes de irte para poder tomar esas vacaciones? Sea lo que sea, ponte a trabajar en esa tarea inmediatamente.

Es posible que no puedas hacer todos los deberes que te corresponden si aún no te los han asignado, pero si sabes que tienes que hacer un trabajo de inglés a final de mes, podrías adelantarte a ese proyecto. Si estás en la universidad, probablemente tengas un programa de estudios. Podrías pensar en hacer todas las lecturas obligatorias con antelación. Cuando se acerque la fecha de la discusión en clase, te llevará mucho menos tiempo refrescar la lectura en tu mente y la habrás aprendido mucho más a fondo que el resto de los estudiantes.

Las personas con éxito se presionan continuamente para rendir al máximo. Aquellos que no lo tienen necesitan ser instruidos y presionados por otros.

Si te apremias a ti mismo, realizarás un mayor número de tareas mejor y más rápido que nunca.

Te convertirás en una persona de alto rendimiento y mayor desempeño. Te sentirás muy bien contigo mismo, y poco a poco crearás el hábito de completar rápidamente las faenas, que luego te servirá para todos los días de tu vida.

¡Trágate ese sapo!

1. Establece plazos y subplazos para cada tarea y actividad. Crea tu propio «sistema de forzamiento». Ponte el listón muy alto y no te permitas escabullirte. Una vez que te hayas fijado un plazo, cúmplelo e incluso intenta superarlo.

2. Escribe cada paso de un proyecto importante antes de comenzarlo. Determina cuántos minutos y horas necesitarás para completar cada fase. A continuación, compite contra tu propio reloj. Supera tus propios plazos. ¡Conviértelo en un juego y decídete a ganar!

15

Aprender a aprender

El único medio seguro para alcanzar el éxito es proveer más y
mejor servicio del que se espera de ti, sea cual sea tu tarea.

Og Mandino

Desde el día en que entraste en la escuela por primera vez,
tus profesores han hecho dos cosas: te han enseñado lo que
debes aprender, por supuesto, pero también te han instrui-
do siempre en cómo aprender. «Aprender a aprender» es
una de las habilidades más importantes que te enseñan en
la escuela.

No hay nada peor que estudiar durante horas y horas
solo para sentir que todavía no lo entiendes. Mejorar la eficiencia con la que estudias es una de las formas más poderosas de aumentar tu productividad. Si se te da bien el
aprendizaje en sí, necesitarás pasar menos tiempo esforzándote en deberes que no entiendes.

Una de las principales causas de la procrastinación es la
sensación de insuficiencia, la falta de confianza o la incapa-

cidad a la hora de hacer frente a un área clave de una tarea. Sentirte débil o deficiente en una sola sección del trabajo es suficiente para desanimarte de empezar siquiera. Por el contrario, cuanto mejor se te dé tragarte un tipo concreto de sapo, más probable es que te lances a hacerlo sin más cuando debas.

Si mejoras continuamente el ritmo y la eficacia de tu aprendizaje, aumentarás tu seguridad en ti mismo de forma natural y sin esfuerzo. En lugar de sentirte inadecuado, empezarás a notarte más entusiasmado y tendrás toda la energía que necesitas para sumergirte de lleno en el trabajo.

Tomar el control de tu aprendizaje

La gran noticia es que no tienes que esperar a que tus profesores te enseñen a aprender: ¡puedes tomar la iniciativa de mejorar tu aprendizaje tú mismo! Hay muchos recursos disponibles que puedes adquirir y utilizar por tu cuenta. Hay libros, cursos en línea, audiolibros y herramientas digitales gratuitas e incluso juegos que puedes encontrar en línea para mejorar tus habilidades para aprender. En la sección «Recursos de aprendizaje», al final de este libro, se incluye una lista de algunos de estos recursos.

Un cambio importante que puedes hacer ahora mismo para mejorar tu aprendizaje es dejar de centrarte en lo que puedes meter en tu cabeza y concentrarte más en lo que puedes sacar de ella.[1] Tus profesores suelen intentar introducirte todo lo que pueden en la cabeza, pero depende de ti que puedas extraer la información de allí cuando llegue la hora del examen.

Una de las razones por las que algunos alumnos estudian mucho y siguen teniendo problemas, es que dedican más tiempo a estudiar lo que ya saben. ¡Se pierden lo que no saben, que es lo que deberían estar aprendiendo!

Cuando te sientes a estudiar, antes de empezar, hazte un mini examen. Escribe todo lo que recuerdes de la última clase o de los últimos deberes. Comprueba de cuánto te acuerdas. Luego, abre tus apuntes y compara lo que recuerdas con lo que escribiste en tus notas y materiales de estudio. Lo que no hayas apuntado es en lo que debes concentrarte más cuando estudies.

Nunca dejar de aprender

Puedes mejorar no solo tu aprendizaje en sí, sino también las habilidades clave que son útiles para cada asignatura y, al hacer esto, tu gestión del tiempo también se verá enriquecida. Aunque ahora saques sobresalientes, cada año subirás de curso y te enfrentarás a material más exigente. Hay muchas destrezas clave que utilizarás independientemente del nivel educativo en el que te encuentres.

Cuanto mejor se te dé una habilidad clave, más motivado estarás para lanzarte a ella. Cuanto mejor seas, más energía y entusiasmo tendrás. Cuando sabes que puedes hacer bien un trabajo, te resulta más fácil superar la procrastinación y hacerlo más rápido y mejor que en cualquier otra circunstancia.

Un ejercicio adicional puede suponer una enorme diferencia en tu capacidad para obtener buenos resultados en los exámenes y deberes: identifica las habilidades más importantes para tu progreso académico y, a continuación, elabora un plan para pulir continuamente esas habilidades. Algunos ejemplos para empezar son la rapidez con la que lees, cómo tomar notas cuando lees un texto por primera vez; lo bien que recuerdas las tablas de multiplicar o las fórmulas algebraicas, y cómo enfocas y organizas tu proceso de investigación para un trabajo.

No permitas que una debilidad o una falta de habilidad en cualquier área te frene. Todo se puede aprender. Y lo que otros han aprendido, tú también puedes aprenderlo. Aunque sientas que tu rendimiento académico hasta ahora no ha sido estelar, puedes esforzarte en ciertas cosas que están bajo tu control. Está en tus manos buscar ayuda adicional de profesores, padres o incluso amigos. Si tu escuela tiene un centro de apoyo al aprendizaje o un centro de escritura, puedes acceder a instrucción extra a través de ellos. También está la posibilidad de encontrar recursos por tu cuenta, sin padres ni profesores. Aprovecha los libros sobre cómo aprender en la sección de recursos de este libro, y echa un vistazo a las herramientas de aprendizaje en línea gratuitas que también aparecen allí.

La mejor noticia es que puedes aprender cualquier habilidad que necesites para ser más productivo y eficaz. De esta forma, estaría a tu alcance mejorar en cualquier asignatura: matemáticas, escritura, historia, física o cualquier otra. Puedes mejorar en la investigación, o en la dirección de laboratorios de química. Puedes aprender a tocar tu instrumento delante de los demás o mejorar tus audiciones. Puedes aprender a escribir bien y con eficacia. Todas estas son habilidades que serás capaz de adquirir en cuanto te decidas y las conviertas en una prioridad.

Cuanto más se aprende, más se puede aprender. De la misma manera que puedes desarrollar tus músculos físicos a través del ejercicio, puedes desarrollar tus músculos mentales con ejercicios mentales. Y no hay límite para lo lejos o lo rápido que puedes avanzar, salvo las limitaciones que tú mismo pongas a tu propia imaginación.

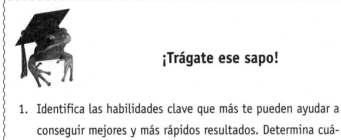

¡Trágate ese sapo!

1. Identifica las habilidades clave que más te pueden ayudar a conseguir mejores y más rápidos resultados. Determina cuáles son las habilidades de estudio que tendrán un mayor impacto en tus calificaciones y logros. Sean cuales sean, establece un objetivo, haz un plan y empieza a desarrollar y aumentar tu capacidad en esas áreas. ¡Decide ser el mejor en lo que haces!

2. Acostúmbrate a comprobar siempre lo que recuerdas antes de hacer la tarea. Luego, esfuérzate en estudiar con más detenimiento lo que no recuerdes.

3. Revisa los recursos de aprendizaje en la parte posterior de este libro. Proponte probar al menos uno de estos libros o herramientas para mejorar tu capacidad de aprendizaje. Incluso los libros escritos para tus profesores contienen información útil que puedes utilizar para enseñarte a ti mismo.

16

Identificar tus propias limitaciones

Concentra todos tus pensamientos en la tarea que tienes
entre manos. Los rayos del sol no queman hasta que
se concentran.

ALEXANDER GRAHAM BELL

Entre el punto en el que te encuentras y cualquier meta u objetivo que desees alcanzar, hay un obstáculo importante que debe superarse antes de poder lograr esa meta principal. Tu trabajo consiste en identificarlo claramente.

¿Qué te frena? ¿Qué determina la velocidad a la que alcanzas tus objetivos? ¿Qué determina la rapidez con la que te mueves desde donde te encuentras ahora mismo hasta donde quieres ir? ¿Qué te detiene o te impide tragarte los sapos que realmente pueden marcar la diferencia? ¿Por qué no estás ya en tu meta?

Estas son algunas de las preguntas más importantes que te harás y responderás en tu camino hacia el logro de altos niveles de productividad y eficacia personal. Sea lo que sea lo que tengas que hacer, siempre hay un factor limitante que determina la rapidez y la eficacia con la que lo logras. Tu trabajo consiste en estudiar la tarea en cuestión e identificar el elemento restrictivo que hay en ella. A continuación, debes centrar todas tus energías en paliar ese único cuello de botella.

Identificar el factor limitante

En prácticamente todas las tareas, grandes o pequeñas, un único elemento determina la velocidad a la que se alcanza el objetivo o se completa el trabajo. ¿De qué se trata? Concentra tus energías mentales en esa área clave. Este puede ser el uso más productivo de tu tiempo y tus talentos.

Hay muchos tipos de limitaciones a las que te puedes enfrentar: puede que no tengas un espacio de estudio tranquilo, puede que te encuentres en el nivel equivocado de una clase, puede que estés en un aula con otros treinta y cinco estudiantes y te resulte difícil que el profesor te responda las preguntas, puede que hayas elegido demasiadas actividades extracurriculares, puede que tengas un trabajo secundario que te dificulte encontrar suficiente tiempo de estudio, o alguna otra cosa. Pero el factor limitante siempre está ahí, y es tu trabajo encontrarlo.

Que lo identifiques con precisión en cualquier proceso y te centres en ese factor suele aportar más progreso en un período más corto de tiempo que cualquier otra actividad. Incluso cuando el elemento limitante parece insuperable, casi siempre hay algo que se puede hacer para mejorar la situación una vez que se ha identificado.

La regla del 80/20 aplicada a las restricciones

La regla del 80/20 también se aplica a las limitaciones en tu vida y en tu trabajo. Esto significa que el 80 % de los factores que te impiden alcanzar tus objetivos son internos. Están dentro de ti mismo, dentro de tus propias cualidades y habilidades personales, hábitos, disciplinas o competencias. Esto puede parecer desalentador al principio, pero en realidad es una buena noticia. Si algo es interno, está 100 % bajo tu control y podrás eliminarlo.

Algunas limitaciones pueden parecer externas, pero en realidad tienen una dimensión que puedes controlar. Por ejemplo, puedes estar trabajando en un proyecto de grupo en el que otro estudiante no está haciendo su parte. El comportamiento o la contribución del otro alumno no están bajo tu control, pero tus aportes al proyecto sí. Puede que no sea justo, pero aún así puedes trabajar duro para que el resultado final sea un éxito.

Lo único que importa es la nota que tú sacas con el proyecto.

Solo el 20 % de los factores limitantes son externos a ti, y toman la forma de compromisos de tiempo, responsabilidades familiares y recursos. Tu limitación clave puede ser algo pequeño y no especialmente obvio. Puede que tengas que hacer una lista de cada paso de un proceso y examinar cada actividad para determinar exactamente qué es lo que te frena. Puede ser algo tan pequeño como una falta de comprensión en un área diminuta. Si puedes identificar esa área, podrás pedirle ayuda a tu profesor en algo muy específico, y él o ella será capaz de ayudarte de forma mucho más eficaz y rápida.

Examina tu vida con sinceridad. Observa a tus padres, a tus profesores y a tus amigos para ver si hay alguna forma en la que uno o varios de ellos puedan estar frenándote involuntariamente. Aunque es poco probable que esto sea a propósito o malintencionado, es posible que, sin querer, estén haciendo algo que afecte negativamente a tus estudios.

Es importante que cuando se aborden estas cuestiones se haga con respeto.

Puede ser algo tan inocente como que un profesor piense que eres tímido y no te llame tanto como a otros alumnos, o que las actividades nocturnas de un padre interrumpan tus deberes. Recuerda que, aunque estas dificultades sean externas, tú eres responsable de tus actos y de las medidas que tomas para mejorar tu situación. Si los demás no están dispuestos a cambiar sus acciones para ayudarte, sigue siendo tu responsabilidad encontrar otra manera de lidiar con lo que te está frenando.

Habla con tu profesor después de clase para expresarle tu interés y entusiasmo por participar en los debates de la clase. Pregunta a tus padres si están dispuestos a dejarte estudiar en un lugar menos ruidoso de la casa o a acordar un horario tranquilo para que puedas concentrarte. Si tus amigos te envían mensajes de texto constantemente, opta por apagar tu teléfono mientras haces los deberes; o dale tu móvil a un miembro de la familia para que te ayude a resistir la tentación de hablar, enviar mensajes de texto y dejarte distraer por las redes sociales.

Seguir tu brújula interna

A veces, una sola percepción negativa por parte de un amigo o un profesor puede frenar todo tu proceso de aprendizaje.

Si la mala impresión que le has causado a alguien te está frenando, es posible que no puedas cambiar la opinión de esa persona, pero puedes decidir por ti mismo si su opinión es real o válida. Si llegas a la conclusión de que no lo es, niégate a dejar que la percepción que esa persona tiene de ti afecte a tu visión de ti mismo.

Esto es especialmente difícil si la situación tiene que ver con la imagen que un profesor tiene de ti. Es importante que tengas en cuenta los comentarios de tus maestros, ya que su trabajo es ayudarte a mejorar. Y si te ponen una nota, tendrás que responder a sus inquietudes teniendo eso en cuenta.

Un concepto en el mundo de los negocios es que la retroalimentación negativa debe ser considerada un regalo. Incluso cuando es inexacta, siempre se puede aprender algo de los comentarios, ya sean buenos o malos. Depende de ti decidir cómo reaccionar ante ella, y lo que elijas hacer al respecto está bajo tu control. Sin embargo, hay que recordar que los profesores son seres humanos y no pueden predecir el futuro. Si sueñas con asistir a una universidad en particular, pero tu consejero universitario no te apoya, busca los datos tú mismo. Las estadísticas de las clases entrantes están publicadas en Internet. Decide por tu cuenta si tus puntuaciones y resultados de los exámenes te califican, y si aún no llegan al nivel deseado, tienes el poder de trabajar para alcanzar esa meta. Este libro te ha dado las herramientas. Si sueñas con ser escritor, pero tu profesor de inglés dice que no tienes talento, discrepa respetuosamente y, hagas lo que hagas, nunca dejes de escribir. Puedes mejorar en cualquier área de tu vida. Si crees en ti mismo, te responsabilizas personalmente de tu aprendizaje y utilizas objetivos específicos para guiarte, nada puede detenerte.

Mirar hacia dentro de uno mismo

Las personas de éxito siempre comienzan el análisis de las limitaciones haciéndose la siguiente pregunta: «¿Qué hay en mí que me frena?». Aceptan la completa responsabilidad de sus vidas y buscan en sí mismos tanto la causa como la cura de sus problemas. Este es el enfoque más poderoso que puedes adoptar, ya que siempre y cuando esté en ti, también estará en tu mano cambiarlo.

Esto puede ser un reto para aprender por primera vez, y debes tener la honestidad de buscar en tu interior el factor limitante o la habilidad limitante que establece la velocidad a la que logras tus objetivos personales. Sigue preguntándote: «¿Qué marca la velocidad a la que obtengo los resultados que quiero?».

Esforzarse por ser preciso

La definición de aquello que te restringe determina la estrategia que utilizas para lidiar con ello. No identificar el limitante correcto, o identificar la restricción equivocada, puede llevarte en la dirección errónea. Puedes acabar resolviendo el problema que no es.

Una profesora que conozco me habló de un alumno suyo que diseñó un experimento científico para su laboratorio de química, pero que obtenía sistemáticamente resultados sin sentido. Antes de rediseñar todo el experimento, decidió hablar con su profesora sobre sus progresos. Ella le ayudó a ver que sus datos eran buenos, pero que él los estaba interpretando mal. En lugar de dedicar el doble de tiempo a empezar de nuevo, simplemente cambió su forma de leer los datos.

Tus profesores, e incluso tus compañeros, son recursos valiosos para ti cuando intentas identificar aquello que te limita. Una vez que estés en el mundo profesional, resolverás los problemas por tu cuenta, pero por ahora, tienes el increíble apoyo de los profesores que pueden ayudarte a evaluar tu trabajo.

No resolverán tus problemas por ti, pero podrán guiarte para que lo hagas cada vez mejor por ti mismo.

Detrás de cada restricción o cuello de botella, una vez localizado y resuelto con éxito, encontrarás otro factor limitante. Tanto si intentas terminar todos los deberes a tiempo como si llegas al entrenamiento de fútbol a la hora, siempre hay elementos restrictivos y cuellos de botella que marcan la velocidad de tu progreso. Tu trabajo es encontrarlos y centrar tus energías en resolverlos lo antes posible.

Empezar el día eliminando un cuello de botella o una restricción clave te llena de energía y poder personal. Te impulsa a seguir adelante y a terminar tu trabajo. A menudo, resolver una restricción o un factor limitante clave es el sapo más importante que podrías tragarte en ese momento.

¡Trágate ese sapo!

1. Identifica tu objetivo más importante en tu vida actual. ¿Cuál es? ¿Qué logro académico, si lo consiguieras, tendría el mayor efecto positivo en tu vida? ¿Qué logro profesional tendría el mayor impacto positivo en tu vida y en tu futuro?

2. Determina cuál es la restricción, interna o externa, que marca la velocidad a la que puedes alcanzar este objetivo. Pregúntate: «¿Por qué no lo he alcanzado ya? ¿Qué hay en mí que me frena?». Sean cuales sean tus respuestas, pasa a la acción inmediatamente. Haz algo. Haz lo que sea, pero ponte en marcha.

17

Centrarse en las áreas de resultados clave

Cuando se concentran todos los recursos físicos y mentales,
el poder de uno para resolver un problema se multiplica
enormemente.

NORMAN VINCENT PEALE

El éxito en la escuela secundaria o en la universidad puede desglosarse en unas cinco áreas de resultados clave, rara vez más. Estas representan los resultados que tienes que obtener sí o sí para maximizar el provecho que le sacas a tu educación. Con tantas actividades y oportunidades que compiten por tu atención, puede ser difícil recordar qué debe tener prioridad. Con las aparentemente interminables opciones de clubes, deportes, artes, voluntariado y más, es posible perder de vista el objetivo más importante de la escuela: que te vaya bien en tus clases.

El área de resultados clave más importante para cualquier estudiante son sus lecciones académicas. Las calificaciones y el rendimiento en tus clases principales deben considerarse siempre como tu responsabilidad más importante. Esta es la razón por la que estás en la escuela, y lo bien que lo hagas determinará en gran medida las oportunidades que tendrás una vez que te gradúes.

Otras áreas de resultados clave para los estudiantes podrían ser las relaciones con sus profesores, que determinarán qué recomendaciones serás capaz de pedir, tu capacidad para gestionar tu propio horario y completar las tareas a tiempo, el liderazgo estudiantil que demuestres en actividades fuera de las aulas, y la responsabilidad para con la comunidad que demuestres a través del trabajo voluntario y el compromiso con la sociedad.

Ponerse nota a uno mismo

Como estudiante, normalmente son tus profesores los que te evalúan tu trabajo. En este contexto, puede ser tentador ver la situación como una en la que no tienes control, pero lo cierto es nada podría estar más lejos de la realidad. Una forma poderosa de darte cuenta de tu propio poder como estudiante es ponerte una nota a ti mismo en cada tarea que se la des al profesor. ¡Asegúrate de hacerlo antes de que llegue la fecha de entrega! Sé sincero contigo mismo sobre tu rendimiento. Si tu profesor te ha dado una rúbrica de calificación, siéntate con tus deberes, finge que eres el profesor y evalúa tu propio trabajo. Como mínimo, asegúrate de prestar atención a las instrucciones originales de la tarea. ¿Dónde están tus puntos fuertes y dónde tus débiles? ¿Dónde has hecho un trabajo excelente y dónde podrías mejorar?

Regla: Tu área de resultados clave más débil
establece la altura hasta la que puedes llegar con
todas tus otras habilidades y destrezas.

Esta regla dice que, aunque puedas ser excepcional en cuatro de tus cinco áreas de resultados clave, un rendimiento pobre en la quinta te seguirá frenando y determinará lo que consigas con el resto de tus habilidades. Esta debilidad actuará como un lastre para tu eficacia y será una fuente constante de fricción y frustración.

También puedes examinar cualquier tarea individual y determinar las áreas de resultados clave para esa faena en concreto. Por ejemplo, la investigación es uno de los pasos más importantes de cualquier trabajo, independientemente del tema del que se trate. Si te calificas a ti mismo en una tarea y te pones un sobresaliente en la redacción y un sobresaliente en la tesis, pero un notable en lo bien que has apoyado la tesis y un suficiente en la cantidad de investigación que has hecho, nunca escribirás un trabajo que obtenga un sobresaliente hasta que aprendas mejores métodos de investigación.

El bajo rendimiento produce procrastinación

Una de las principales causas de la procrastinación es que las personas evitan las actividades en aquellas áreas en las que han tenido un mal desempeño en el pasado. En lugar de fijar un objetivo y elaborar un plan para mejorar en un campo concreto, la mayoría de las personas evitan por completo esa área, lo que no hace sino empeorar la situación.

El caso contrario de esto es que cuanto mejor se te da un área en particular, más motivado estarás para realizar esa función, menos vas a procrastinare y tendrás una mayor determinación para acabar el trabajo.

El hecho es que todo el mundo tiene puntos fuertes y débiles. Niégate a racionalizar, justificar o defender tus áreas de debilidad. En su lugar, identifícalas claramente. Fíjate un objetivo y haz un plan para llegar a ser muy bueno en cada una de esas áreas. ¡Piensa! Puede que solo te falte dominar una habilidad crítica para alcanzar el máximo rendimiento en tus clases.

La gran pregunta

He aquí una de las más grandes preguntas que te vas a llegar a hacer y responder. «¿Qué habilidad, si la desarrollara y la realizara de forma excepcional, tendría el mayor impacto positivo en mi rendimiento escolar?».

Debes utilizar esta pregunta para guiar tus acciones durante el resto de tu vida académica. Busca la respuesta en tu interior. Probablemente sepas cuál es.

Hazles esta pregunta a tus profesores. Házsela a tu asesor o consejero. Pregunta a tus amigos y a tu familia. Sea cual sea la respuesta, ponte a trabajar para mejorar tu rendimiento en ese departamento. Una vez que hayas preguntado, respondido y mejorado en un campo, hazte de nuevo la pregunta para mejorar en otra área de resultados clave.

La buena noticia es que todas las habilidades que necesitas para tener éxito en la escuela se pueden aprender. Si otros son excelentes en esa área de resultados clave, puede que te sientas desanimado y te preguntes por qué ellos son tan buenos y tú no. Al contrario de lo que pueda parecerte, ¡esto es algo bueno! En realidad, es una prueba de que tú también puedes ser excelente si te lo propones.

Una de las mejores maneras de dejar de procrastinar y de hacer más cosas con mayor rapidez es volverte absolutamente excelente en tus áreas de resultados clave. Esto puede ser tan importante como cualquier otra cosa que hagas en tu vida, en la escuela y en tu futura carrera.

Aprovechar la metacognición para mejorar tus habilidades

Una poderosa herramienta de aprendizaje que debes desarrollar es tu capacidad para evaluar constantemente cuánto sabes. Esto se llama «metacognición», que literalmente significa «comprensión de lo que hay que comprender».

Lo más emocionante de la metacognición es que elimina por completo el fracaso. Cuando te preguntas: «¿Qué sé? ¿Qué no sé?», tu respuesta debe incluir «Bueno, eso no lo sé todavía». No importa si sabes algo o no cuando te haces estas preguntas; la única cuestión es que aún no lo sabes, es decir, que te establezcas que es cuestión de tiempo. Al plantearte estas preguntas, te estás dando la oportunidad de identificar lo que necesitas averiguar.

Cuando estés estudiando para un examen, repasa tus notas de la siguiente manera[1]:

- Primero, identifica todo lo que crees saber.
- Segundo, identifica todo lo que no sabes.

- A continuación, revisa las cosas que no sabes, búscalas todas y haz una nueva guía de estudio personal que incluya esos términos o conceptos.
- Por último, comprueba que has acertado en las cosas que has decidido que sí sabías o entendías. Si te has equivocado en algo, añádelo a tu guía de estudio.

Este sencillo proceso de cuatro pasos puede hacer que tu estudio sea más efectivo y te suba la cualificación sustancialmente en la misma cantidad de tiempo.

Existe un fenómeno asombroso, bautizado originalmente por la investigadora Janet Metcalfe, llamado «efecto de hipercorrección[2]». Las investigaciones de Metcalfe demuestran que cuando uno se equivoca en algo y luego se corrige a sí mismo, en realidad lo aprende mucho más eficazmente que si nunca se hubiera equivocado al respecto.

Cada error es una oportunidad: aprovéchala para aprender más y mejor.

¡Trágate ese sapo!

1. Identifica las áreas de resultados clave de tu proyecto escolar más importante. ¿Cuáles son? Anota los resultados clave que tienes que conseguir para realizar la tarea de forma excelente. Califícate del uno al diez en cada una de ellas. Y luego, determina la habilidad clave que, si la hicieras de forma excelente, te ayudaría más en todas tus clases.

2. Lleva esta lista a tu profesor y discútela con él o ella. Pide una opinión y una valoración sinceras. Solo puedes mejorar si estás abierto a las aportaciones constructivas de otras personas. Discute tus conclusiones con tus padres o compañeros.

3. Estudia siempre para los exámenes utilizando el proceso de metacognición en cuatro pasos. Es importante identificar lo que no sabes y volver a comprobar que estás seguro de lo que crees saber.

Acostúmbrate a hacer este análisis regularmente, cada trimestre. Nunca dejes de mejorar. Esta decisión por sí sola puede cambiar tu vida.

QUINTA PARTE
Cómo afrontar el estrés de forma proactiva y qué lo causa

Junto con la presión de los logros viene el estrés que sentirás mientras trabajas para conseguir tus objetivos. Es muy importante que aprendas a manejar proactivamente el estrés. A lo largo de tu vida, te enfrentarás a muchas situaciones estresantes, y aprender a gestionarlo será una gran clave para tu éxito futuro.

Esta parte del libro no trata sobre mindfulness, la meditación o el autocuidado. Estas cosas son importantes y, si te sirven, no dudes en seguir utilizándolas. Sin embargo, las herramientas más importantes que puedo darte para combatir el estrés son preventivas. Si tomas medidas proactivas para combatir los nervios antes de que se conviertan en algo debilitante, tendrás mucho más control sobre el impacto de la angustia en el futuro.

La planificación y la preparación son dos de las estrategias más poderosas para combatir el estrés y la ansiedad. Otra es gestionar deliberadamente el uso de la tecnología. En lugar de ofrecerte un control de daños o parches para seguir adelante, ¡esta sección te ofrece herramientas preventivas y orientación que te ayudarán a gestionar tu estrés para que no te abrume en primer lugar!

18
Prepararse a fondo antes de empezar

Sea cual sea tu nivel de habilidad, tienes más potencial
del que podrás desarrollar en toda tu vida.

James T. Mccay

Una de las mejores maneras de superar la procrastinación y el estrés es tener todo lo que necesitas a mano antes de empezar. Cuando estás totalmente preparado, eres como un arquero con la flecha cargada en el arco y la cuerda ya tensa. Te sorprenderá lo que conseguirás en los meses y años venideros. Solo necesitas un pequeño empujón mental para empezar.

La preparación adecuada es como tenerlo todo listo para preparar una comida completa. Pones todos los ingredientes en la encimera y empiezas a preparar la comida, paso a paso.

Comienza despejando tu escritorio o espacio de trabajo para que solo tengas una tarea delante. Si es necesario, pon todo lo demás en el suelo o en una mesa detrás de ti.

Reúne toda la información, el libro de texto, la investigación, los apuntes de clase u otros materiales que necesites para completar el trabajo. Tenlos a mano para poder alcanzarlos sin levantarte ni moverte. Si algunos de ellos son digitales, cierra todos los programas informáticos que no sean esenciales para tu tarea y abre solo los documentos o aplicaciones que necesites para realizarla. Asegúrate de que tienes todo el material de escritura, la información y los códigos de acceso, las direcciones de correo electrónico y todo lo que necesitas para empezar a trabajar y no detenerte hasta que el proyecto esté terminado.

Prepara tu área de trabajo de forma que sea cómoda, atractiva y propicia para que puedas pasar en ella largos períodos de tiempo. En especial, asegúrate de que dispones de una silla cómoda que te respalde la espalda y te permita apoyar los pies en el suelo.

Optimizar tu espacio de trabajo

Las personas más productivas se toman el tiempo necesario para crear un área de trabajo en la que disfruten pasando el tiempo. Cuanto más limpia y ordenada esté la tuya antes de comenzar, más fácil te resultará empezar y continuar.

Cuando todo está ordenado y en secuencia, te apetece mucho más ponerte manos a la obra. Un espacio de trabajo claro y organizado eliminará el ruido mental y las molestas preocupaciones, y contribuirá en gran medida a reducir el estrés que sientes cuando intentas trabajar en tus tareas, en la práctica de tu instrumento musical o en las solicitudes de empleo o de la universidad.

Es increíble la cantidad de libros que nunca se escriben, de títulos que nunca se completan, la cantidad de tareas que tienen el potencial de cambiarte la vida que nunca se inician porque la gente no da el primer paso de preparar todo por adelantado.

Abordar tu sapo

Una vez que hayas completado los preparativos, es esencial que te lances inmediatamente hacia tus objetivos. Ponte en marcha. Haz lo primero, sea lo que sea.

Mi regla personal es «Haz bien el 80 % y ya lo corregirás después». Piensa en tus deberes como si fueran una bandera, ízala y sabrás que es la correcta si alguien la reconoce y homenajea. No esperes la perfección a la primera, ni siquiera las primeras cinco veces. Prepárate para fallar una y otra vez antes de hacerlo bien.

Una consecuencia desafortunada de aprender en un entorno de mucho estrés es la tendencia al perfeccionismo. Un dicho muy antiguo dice «la perfección es enemiga de lo bueno», que básicamente significa que si intentas ser perfecto, puede que nunca produzcas nada en absoluto.

La preparación y la planificación son esenciales para combatir el perfeccionismo: no quieres entregar una tarea que crees que no va a pasar la evaluación, y para un examen solo tienes una oportunidad de hacerlo bien. Necesitas acumular tiempo para hacer una tarea de forma imperfecta y luego volver atrás para ver cómo mejorarla.

Asegúrate de tener el 80 % hecho varios días antes de la fecha de entrega, o de ser capaz de responder al 80 % de las preguntas de la guía de estudio de tu examen con varios días de antelación. Después, tómate esas últimas jornadas para perfeccionar y mejorar tu trabajo o tu aprendizaje hasta que sepas que te has preparado lo suficiente para hacerlo bien.

Wayne Gretzky, el gran jugador de hockey, dijo una vez: «Fallas el 100 % de los disparos que no haces». Una vez hayas completado los preparativos, ten el valor de emprender la primera acción, y todo lo demás le seguirá. El método para desarrollar el valor que necesitas es fingir y comportarte como si ya lo tuvieras, y actuar en consecuencia.

Dar el primer paso

Cuando tomas asiento y lo tienes todo delante, listo para empezar, asume el lenguaje corporal de alto rendimiento. Siéntate recto; hacia delante y lejos del respaldo de la silla. Compórtate como si fueras una persona eficiente, eficaz y de alto rendimiento. A continuación, coge el primer elemento y dite a ti mismo: «¡Vamos a trabajar!» y lánzate a ello de cabeza. Y una vez que hayas empezado, sigue adelante hasta que la tarea esté terminada.

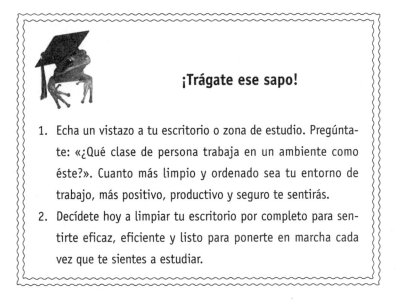

¡Trágate ese sapo!

1. Echa un vistazo a tu escritorio o zona de estudio. Pregúntate: «¿Qué clase de persona trabaja en un ambiente como éste?». Cuanto más limpio y ordenado sea tu entorno de trabajo, más positivo, productivo y seguro te sentirás.

2. Decídete hoy a limpiar tu escritorio por completo para sentirte eficaz, eficiente y listo para ponerte en marcha cada vez que te sientes a estudiar.

19
Centrar tu atención

Toda la vida es el estudio de la atención; a donde se dirige
tu atención, se dirige tu vida.

Jiddu Krishnamurti

La atención focalizada es la clave del alto rendimiento. La
«atracción de la distracción», el atractivo de las interrupciones electrónicas y de otro tipo, conduce a una atención
difusa, a una mente errante, a una falta de concentración y,
en última instancia, a un rendimiento insuficiente y al fracaso.

Las investigaciones actuales demuestran que responder
y reaccionar continuamente a los correos electrónicos, las
llamadas telefónicas, los mensajes de texto y los mensajes de
chat tiene un efecto negativo en el cerebro, ya que reduce la
capacidad de atención y dificulta, si no imposibilita, la realización de las tareas de las que dependen tu futuro y tu
éxito.[1]

Las tres D de la formación de nuevos hábitos

Se necesitan tres cualidades clave para desarrollar los hábitos de enfoque y concentración, las cuales se pueden aprender. Son la decisión, la disciplina y la determinación.

En primer lugar, toma la *decisión* de desarrollar el hábito de la finalización de la tarea. En segundo lugar, *disciplínate* para practicar los principios que estás por aprender, y repítelos una y otra vez hasta que se conviertan en algo automático. Y, en tercer lugar, respalda todo lo que hagas con *determinación* hasta que el hábito se asiente y se convierta en una parte permanente de tu personalidad.

Desarrollar una adicción

Cuando compruebas tus mensajes y textos a primera hora de la mañana, o cuando respondas al timbre u otro sonido que indica un mensaje entrante, tu cerebro libera una pequeña inyección de dopamina. Esta te produce una agradable sensación. Estimula tu curiosidad y te hace reaccionar y responder inmediatamente. Olvidas al instante lo que estabas haciendo y prestas toda tu atención al nuevo mensaje.

Al igual que el sonido de las campanas cuando se gana jugando a una máquina tragaperras, el sonido de una notificación del móvil desencadena la reacción de «¿Qué he ganado?». Inmediatamente interrumpes tu tarea para averiguar cuál es tu «premio». Cuando empiezas el día con unos cuantos chutes de dopamina provocados por el sonido de las notificaciones de tu teléfono, te resultará muy difícil prestar atención a tus tareas más importantes durante lo que queda del día. Prueba a dejar el teléfono en un cajón de la cocina antes de acostarte por la noche. Si utilizas tu móvil o un dispositivo llevable como despertador, ignorar las notificaciones será todo un reto. Si puedes, opta por no mirar las que se hayan acumulado durante la noche cuando suene la alarma. Si resistir la tentación es demasiado difícil, prueba con un despertador antiguo. Cuando te levantes, asegúrate de realizar algunas actividades antes de usar tu dispositivo o mirar cualquier aviso. El tiempo que tardas en vestirte, desayunar, cepillarte los dientes y recoger tus cosas para ir al colegio primero, le dará a tu cerebro la oportunidad de despertarse sin desarrollar una mini adicción a la dopamina.

La ilusión de la multitarea

Algunas personas creen que pueden dedicarse a la multitarea, alternando entre los correos electrónicos y el trabajo en casa. Pero la gente solo puede concentrarse en una cosa a la vez. Lo que realmente están haciendo se llama «cambio de tareas». Cambian su atención de un lado a otro, como cuando se mueve un foco reflector para alumbrar un objeto primero y a continuación a un segundo.

Después de una interrupción en Internet, tardas unos quince minutos en volver a prestar toda tu atención a tu tarea y seguir trabajando. Esta es precisamente la razón por la que tanta gente trabaja cada vez más, ya que pasan de las interrupciones del correo electrónico al trabajo y viceversa, durante todo el día, y así consiguen cada vez menos cosas. También cometen más errores.

Si has crecido en un entorno digital, es posible que seas muy versado en el cambio de tareas y sientas que puedes hacerlo mucho más rápido que los demás. Esto puede ser cierto. Sin embargo, no se trata de una verdadera multitarea, y perderás tiempo con cada cambio, por muy rápido que seas.

Las soluciones probadas

Los remedios a estos problemas son sencillos y los adoptan las personas más productivas en casi todos los contextos. En primer lugar, no compruebes tus notificaciones por la mañana y desencadenes inmediatamente la adicción a la dopamina que dura todo el día. Deja tus dispositivos apagados.

En segundo lugar, si tienes que consultar el correo electrónico o los mensajes por cualquier motivo, entra y sal rápido. Apaga el sonido de tu ordenador y pon el teléfono en «vibración» o dáselo a uno de tus padres hasta que termines la tarea. Ponle freno a los estímulos que desencadenan el flujo de dopamina y provocan continuas interrupciones.

Por último, decídete a mirar tu teléfono solo dos veces al día durante la jornada escolar, a las 11:00 y a las 15:00 horas o cuando tu horario lectivo lo permita, y vuelve a apagarlo cada vez. Si no necesitas el móvil para la clase, intenta dejarlo en tu taquilla, o al menos apágalo y mét-elo en tu mochila. Si utilizas un dispositivo llevable, minimiza las notificaciones que le permites enviar. Si vas en serio y te comprometes a aumentar tu productividad, prueba a utilizar un reloj analógico. Te sorprenderá la claridad y la concentración que consigues con este pequeño cambio.

Siempre que estés en clase, sigue el mismo protocolo. Deja los dispositivos electrónicos apagados. Puede que tomes notas en tu portátil o que necesites el ordenador para las actividades de clase, pero apaga todas las notificaciones y abre solo los programas que necesites para la clase. Presta el 100 % de atención a tu profesor y a la discusión en el aula. Incluso un dispositivo portátil debe estar silenciado o apagado durante la lección.

He aquí un secreto que quizás no creas: es increíblemente obvio cuando los estudiantes están usando sus ordenadores para cualquier cosa que no sea la clase. Todas esas veces que pensabas que te salías con la tuya por estar en un chat de Google Docs durante toda la lección, tu profesor podía saber lo que estabas haciendo realmente. Si no me crees, echa un vistazo a los demás alumnos. ¿Miran a la pizarra cada pocos segundos? ¿Están escribiendo notas y levantando la mano de vez en cuando para participar en los debates de la clase?

¿O están mirando fijamente, hipnotizados, a su pantalla sin escribir notas en absoluto o tecleando furiosamente sin levantar la vista para comprobar la lección?

Recuerda que los ordenadores existen desde hace mucho tiempo, y que la gente de cuarenta años creció llevando ordenadores portátiles a clase. Puede que los programas fueran diferentes, pero hacían exactamente lo mismo que hacen los estudiantes de hoy.

Una vez que observes a los demás alumnos del aula como si fueras su profesor, probablemente te darás cuenta de lo fácil que es saber lo que están haciendo, aunque no puedas ver sus pantallas. La parte triste de esto es que los estudiantes que no prestan atención a la asignatura están en realidad creando sus propias barreras. La clase es un aprendizaje sin esfuerzo, ¡otra persona está haciendo todo el trabajo y te dice exactamente las cosas que necesitas saber! Todo lo que tienes que hacer es pensar en lo que estás escuchando y recordarlo después. No prestar atención en clase es una gran oportunidad perdida. Para ponerte al día y hacer bien tus tareas y exámenes, tendrás que estudiar tres veces más por tu cuenta.

Decídete ahora a aprovechar la gran oportunidad que se te presenta y presta atención en clase. Apaga las notificaciones e incluso intenta tomar notas a mano.

Los neurocientíficos han demostrado que el cerebro retiene y procesa la información de forma mucho más eficaz cuando escribes notas de tu puño y letra.[2]

Duplicar tu productividad

Te ofrezco una forma sencilla de mejorar tu rendimiento. Este método funcionará mejor los fines de semana o por las tardes, cuando trabajes en tus deberes durante largos períodos de tiempo. En primer lugar, planifica cada día o bloque de tiempo programado para hacer la tarea con antelación, selecciona tu faena más importante y empieza con ella a primera hora, antes de hacer cualquier otra cosa. En segundo lugar, comprométete a trabajar sin parar durante un tiempo determinado, sin distracciones. Utiliza un temporizador de cocina en lugar del temporizador de tu teléfono para eliminar la tentación. Lo más fácil es empezar a trabajar durante treinta minutos y luego darse un descanso de cinco minutos. A continuación, empieza otro período de media hora de trabajo. Después de repetirlo durante unos días o semanas, una vez que puedas hacerlo con facilidad, sube a sesenta minutos con un descanso de diez. Por último, intenta trabajar una hora y media con un descanso de quince minutos. Independientemente de cómo dividas los bloques de tiempo, después de un período de trabajo de tres horas, puedes recompensarte con una inyección de dopamina al revisar tus mensajes.

Cuando adquieras el hábito de completar tres horas de trabajo significativo cada vez que te sientes a hacer los deberes, sin importar lo que ocurra, duplicarás tu productividad y te liberarás del hábito de comprobar tus notificaciones durante todo el día. Recuperarás el control total de tu vida.

¡Trágate ese sapo!

1. Ten presentes tus objetivos de éxito y alta productividad. Antes de hacer cualquier cosa, pregúntate: «¿Me está ayudando esto a conseguir uno de mis objetivos más importantes o es solo una distracción?».

2. Niégate a convertirte en un esclavo de las alarmas de notificación que te distraen de completar aquellas tareas que pueden marcar una verdadera diferencia en tu vida. Deja apagados los dispositivos y aplicaciones no esenciales.

20
La tecnología
es un dueño terrible

En la vida hay cosas más importante que incrementar
su velocidad.

Mohandas Gandhi

Se nos ha dicho que algún día en el futuro iremos por ahí con
ropa especial que se comunica con nuestro cuerpo y nuestro
entorno, mirando a través de lentes que mejoran digitalmente
el mundo. Puede que aún no hayamos llegado a ese nivel, pero
es cierto que la tecnología ya está tan integrada en nuestra
vida cotidiana que la vivimos y respiramos constantemente. El
interminable bombardeo de notificaciones y correos electrónicos y la presión por saber exactamente lo que pasa con todos tus amigos cada segundo del día constituyen una enorme
fuente de estrés en las escuelas y universidades de hoy.

Incluso si eres capaz de resistir la tentación de mirar
constantemente tu teléfono, es probable que estés haciendo

una parte o incluso la mayor parte de tu trabajo escolar en un dispositivo digital de algún tipo. Es casi seguro que este se encontrará conectado a Internet, y la Red quiere desesperadamente tu atención. De hecho, en la industria tecnológica, las empresas ya no hablan de «cuota de mercado». La cuota de mercado es el porcentaje de clientes existentes que compran los productos de una empresa. En su lugar, se refieren a algo llamado «cuota mental». Lo que quieren decir con esto es que consideran que la mente del consumidor es su mercado, y están invirtiendo miles de millones de dólares para controlar la mayor parte posible de su mente.

Dado que esta es la realidad, la forma en que decidas gestionar tu uso de la tecnología va a tener un impacto increíble en tu productividad, tus logros y tu éxito, tanto en la escuela como más adelante en tu vida.

Puedes elegir

Lo más importante que debes recordar sobre tu relación con el mundo digital es que todavía puedes elegir. Puede que no siempre lo sientas así, pero es cierto. Aunque las herramientas digitales te lo pongan muy difícil, existen formas de controlar tu vida digital. Recuerda que, incluso en lo que respecta a la tecnología, eres responsable de tus elecciones y acciones.

Para mantener la calma, la lucidez y ser capaz de rendir al máximo, opta por separarte regularmente de la tecnología. Un investigador que pidió a un grupo de directores generales y emprendedores que se desconectaran de la tecnología descubrió que el cambio les mejoró la memoria, tenían relaciones más profundas, un mejor sueño y mayor probabilidad de tomar decisiones que transformaran su vida.[1]

Cuando las personas están demasiado conectadas, la tecnología de la comunicación se convierte rápidamente en una adicción destructiva. La gente se levanta por la mañana y comprueban obsesivamente todas las notificaciones de su teléfono antes de salir de la cama, lo que desata una cadena de reacciones químicas en el cerebro. Cuando miras tu correo electrónico al despertarte, recibes un pequeño chute de dopamina, la sustancia química que te hace sentir bien. Sin embargo, solo dura un rato, y luego te quedas con ganas de más, así que vuelves a mirar el teléfono para obtener otra dosis. Si te pareces a la media de los adolescentes o adultos jóvenes de Estados Unidos, es posible que pases entre seis y nueve horas diarias frente a una pantalla.[2] A partir de ahora, apaga tu teléfono cuando te vayas a dormir y no lo enciendas por la mañana hasta que estés completamente despierto y te hayas vestido y desayunado. Incluso puedes probar a esperar hasta que hayas salido de casa.

No inicies el ciclo adictivo de la dopamina de inmediato.

Gestionar tus notificaciones

El primer paso, y el más importante, para gestionar tu tecnología es desactivar el mayor número posible de notificaciones en tu teléfono y ordenador. Todas las aplicaciones deben pedirte permiso para enviarte avisos. Puedes ir a los ajustes de tu teléfono y desactivar la capacidad de una aplicación para enviártelos.

Dejar que las notificaciones se apoderen de ti es un desafío doble: intentan captar tu atención en tiempo real y te desviarán de la tarea en la que estás trabajando en ese momento. Además, incluso cuando consigues ignorarlas durante un tiempo, una gran acumulación de avisos puede hacerse pasar furtivamente por una lista de tareas pendientes, ¡haciéndote sentir que tienes que revisarlas todas! No te equivoques: tu registro atrasado de 300 notificaciones no es tan importante como las listas de tareas que has aprendido a hacer en este libro.

Elige con mucho cuidado las aplicaciones a las que permites enviar notificaciones. Selecciona solo unas pocas y desactiva los avisos de todas las demás aplicaciones de tu teléfono. Solo con hacer esto ahorrarás horas cada día.

No cedas a la tentación

Es posible que necesites un ordenador para realizar algunas de tus tareas. Por desgracia, la computadora es uno de los entornos más difíciles para la productividad personal. Es una máquina que ha sido construida específicamente para hacer millones de tareas a la vez. Esto es lo que hay que recordar: el ordenador está pensado para hacer millones de tareas a la vez, pero el ser humano que lo utiliza no.

Es fácil mantener un chat (o diez) abiertos o un vídeo en segundo plano y, por supuesto, también están esas notificaciones invasivas que llenan cada rincón de tu ordenador. Al igual que con el teléfono, los sitios web deben pedirte permiso para enviarte notificaciones. Acostúmbrate a elegir «no» o «bloquear» cuando un sitio web te pida permiso para enviarte notificaciones.

Si tienes que chatear con tus compañeros de clase para trabajar en un proyecto, hazlo intencionadamente y establece horarios específicos para las conversaciones, y hazlo solo entre las ráfagas de trabajo sostenido y concentrado. Aunque puede ser tentador dejar las ventanas del chat abiertas todo el tiempo, hablar constantemente con los amigos mientras intentas concentrarte te hará perder mucho tiempo y retención. En otras palabras, cuando estás chateando, aprendes poco y recuerdas menos, y cualquier trabajo te lleva el triple de tiempo. La próxima vez que te sientes a hacer los deberes, desactiva todos tus chats y comprueba cuánto tiempo te llevan tus tareas. ¡Te apuesto a que terminas en un tercio del tiempo!

Si haces tu trabajo sin distracciones, tendrás mucho más tiempo para estar con tus amigos y tu familia. Esto es válido incluso si ellos viven lejos de ti y utilizas herramientas digitales para comunicarte. Independientemente de cómo pases el tiempo con tus seres queridos, podrás concentrarte mejor en una videollamada o en una conversación por texto si has terminado todas tus tareas escolares.

Luchar contra el FOMO

Un periodista de la revista Fortune escribió una vez que, cuando llegó a la oficina tras dos semanas de vacaciones en Europa, tenía más de 700 correos electrónicos esperándole. Se dio cuenta de que tardaría siete días en revisarlos todos antes de empezar con los proyectos importantes.

Por primera vez en su carrera, respiró hondo y pulsó el botón «Eliminar todo», borrando para siempre esos 700 correos. A continuación, se ocupó de los proyectos realmente importantes para él y su empresa.

Su explicación fue sencilla: «Me di cuenta de que, solo porque alguien me envíe un correo electrónico, no significa que les pertenezca una parte de mi vida». Aunque no mucha gente borraría toda su bandeja de entrada, sin duda puedes eliminar e ignorar más correos de los que haces ahora. Anímate a deshacerte de todas las comunicaciones que no estén relacionadas con objetivos y relaciones importantes.

El FOMO (Fear Of Missing Out) o miedo a perderse algo, es lo que lleva a muchas personas a conectarse de forma obsesiva a sus dispositivos es una faceta de la vida moderna real y generalizada.

La ansiedad que produce es poderosa y seductora: si solo hubieras visto esa notificación, no te habrías perdido una noticia importante, un evento que te hubiera gustado o el anuncio sobre la vida personal de un amigo. Sin embargo, al igual que la mayoría de las formas de ansiedad, se trata de una mentira que te está contando tu cerebro.

La realidad es que nunca podrás estar al día de todo lo que ocurre en el mundo. Incluso si dejaras de estudiar y leyeras obsesivamente todas las notificaciones que llegan a todos los dispositivos que tienes, no te enterarías de todo lo que puede afectar a tu vida. Sin embargo, te perderías todo lo que está ocurriendo frente a ti.

Acepta que nunca podrás estar al día de todo y céntrate en lo que tienes delante. ¡Prueba una nueva relación con el mundo digital y verás cómo tienes más tiempo cada día!

¡Trágate ese sapo!

1. Crea zonas de silencio durante tus actividades cotidianas. Apaga tu ordenador y tu teléfono (y cualquier otro dispositivo digital) durante una hora por la mañana y otra por la tarde. Te sorprenderá lo que ocurre: nada.

2. Proponte desconectarte de la tecnología durante un día completo cada semana. Al final de tu desintoxicación digital, tu mente estará tranquila y despejada. Cuando tus baterías mentales tengan tiempo para recargarse, serás mucho más eficaz a la hora de tragar sapos. Planifica este tiempo con amigos y familiares: en lugar de estresarte por lo que puedas perderte en Internet, participa con un grupo de personas de tu entorno.

21
La tecnología
es un maravilloso sirviente

La tecnología es solo una herramienta.

MELINDA ANN FRENCH

Con los infinitos intentos de la tecnología por acaparar tu atención, es absolutamente necesario que aprendas a tratar tus herramientas digitales como si las controlaras, en lugar de permitir que te controlen a ti. Cuando lo consigas, la tecnología te hará la vida más fácil, no más difícil y estresante.

Muchas herramientas de aprendizaje se basan ahora en lo digital, e incluso es posible que se te pida que utilices una de estas para hacer un seguimiento de tu horario, tus deberes o proyectos de grupo. Las aplicaciones de productividad y las herramientas de aprendizaje pueden ser potentes, pero no son una varita mágica que resuelva todos tus problemas.

Imagínate: es un nuevo curso escolar y te estás preparando para el año que viene. Acabas de oír hablar de una nueva y sorprendente aplicación de planificación y la descargas de inmediato. Empiezas a configurarla, a poner todas tus clases en ella y a organizarlas. ¡Todo parece estupendo! Sin embargo, a las tres semanas pierdes el hilo. Empiezas a olvidarte de meter las tareas en la aplicación, casi nunca te acuerdas de mirarla, y luego, a los tres meses de haber empezado el curso escolar, ya se te ha olvidado que la has probado siquiera. Pero hay una nueva aplicación de productividad de la que acabas de oír hablar ¡y crees que por fin te va a ayudar a ponerte las pilas!

¿Te resulta familiar?

No te quedes atrapado en el carrusel de probar siempre la siguiente aplicación pensando «¡Eso es! ¡Esta es la que me hará más productivo por arte de magia!», para olvidarla por completo unas semanas después.

Debes ser estratégico

Las herramientas de productividad basadas en aplicaciones son como cualquier otra cosa: no son mejores que escribir la lista de tareas con papel y lápiz. Las herramientas son tan buenas como el uso que se haga de ellas. Tanto si eliges hacer un seguimiento de tus listas de quehaceres y deberes en formato digital como en papel, la clave es ser coherente.

Cuando pruebes una nueva aplicación de productividad, asegúrate de seguir con ella durante al menos dos meses. No te permitas saltar de una a otra sin sacar nunca provecho de ninguna. Cuando pruebes una, comprométete con ella y no la dejes. Una vez que hayas utilizado la aplicación de forma constante durante un tiempo, evalúa en qué medida te está ayudando. ¿Se te hace fácil acordarte de poner la información y las tareas? ¿Consigues completar tus listas de quehaceres? ¿Has notado una diferencia en tus niveles de estrés o productividad desde que empezaste a usarlo?

Si una aplicación te funciona, sigue utilizándola. Por muy tentadora que sea la siguiente herramienta, es mejor quedarse con algo que funciona que perder el tiempo aprendiendo una nueva interfaz.

Y, tal vez, intenta gestionar tu productividad con papel y lápiz para ver cómo se compara. Cuando pones una lista de tareas en tu teléfono, no la miras todo el tiempo. En el momento en que necesitas abrir una aplicación de aprendizaje de idiomas o iniciar sesión en tu correo electrónico, la lista de quehaceres desaparece de tu vista y, como se suele decir, ojos que no ven, corazón que no siente.

Dale una oportunidad a un sistema de seguimiento con papel y lápiz. Puedes mantener tu lista de tareas en un lugar donde puedas verla en todo momento. Mientras trabajas en el ordenador, puedes tener tus deberes y tu agenda en el escritorio para consultarlos fácilmente. Te sorprenderá lo bien que te funciona un sistema de seguimiento analógico.

Tomar el control de tu comunicación

Cuando te sientas a estudiar en un ordenador, despeja tu espacio de trabajo digital como lo harías con tu escritorio físico: cierra todos los programas que no sean necesarios para la tarea que tienes entre manos. Bloquea los sitios web que más te distraen. Asegúrate de que solo están abiertos los canales de comunicación que necesitas para completar tu objetivo. Algunas tareas requerirán comunicación, pero tener diez formas diferentes de comunicarse es excesivo. Una vez que solo la información relevante sea visible en tu pantalla, organiza tus ventanas para un flujo de trabajo perfecto.

Después de la purga de notificaciones del último capítulo, solo te quedan unas pocas aplicaciones con capacidad para distraerte de tu trabajo. Sin embargo, cuando te concentras en una tarea importante, debes desactivar todas las notificaciones, tanto auditivas como visuales, lo que incluye las de aplicaciones de las que todavía permites las avisos normalmente. Este es un paso importante para que pases a comprobar tu teléfono según tu propio horario y no cuando el móvil te reclama, lo que te ayudará a recuperar el control de tu vida. Si todavía te cuesta resistir la tentación de abrir estos programas, esconde tu teléfono, apágalo del todo o dáselo a uno de tus padres.

¿Pero qué pasa con las emergencias?

Puede que sientas que desconectar de la tecnología o deshabilitar las notificaciones no es una opción. Incluso siendo un adolescente, puedes tener responsabilidades para con tus hermanos menores, padres que esperan poder localizarte en todo momento o amigos que confían en ti para recibir apoyo emocional.

Esta es una preocupación absolutamente válida. La solución, sin embargo, no es estar disponible para todo el mundo en todo momento. En su lugar, crea un número de teléfono, una dirección de correo electrónico u otro canal de comunicación exclusivo para emergencias. Por ejemplo, puedes elegir una aplicación de chat específica para conectarte solo con las personas que puedan necesitar ponerse en contacto contigo en una situación de emergencia.

Este canal debería ser como tu propio número de emergencias personal. Es importante recordar que este canal está pensado solo para emergencias extremas, como cuando la salud física o mental de alguien está en peligro, un hermano se queda tirado en la guardería o un padre necesita ponerse en contacto contigo urgentemente. Si hay amigos cercanos en tu red de emergencia, incluye a los más esenciales.

Si quieres, también puedes configurar algo similar para tu vida académica. Programa tu bandeja de entrada de correo electrónico para que clasifique automáticamente los correos de tus profesores, maestros o plataformas de aprendizaje en línea en una carpeta de «Leer primero».

En otras palabras, segmenta tus canales de comunicación para que solo los sapos puedan saltar a tu castillo de concentración.

El país de las posibilidades infinitas

La cantidad de información que está a nuestro alcance con solo tocar una pantalla es extraordinaria. En pocos segundos es posible acceder a cantidades increíbles de datos. La investigación que habría llevado a tus padres horas en una biblioteca, y que habría estado limitada por la colección de libros de dicho lugar, ahora puede hacerse desde tu casa en una fracción de ese tiempo.

Sin embargo, en este mundo de datos infinitos también es increíblemente fácil plagiar de forma accidental. El plagio no siempre consiste en copiar un texto al pie de la letra. (¡Aunque tampoco deberías hacerlo! Ten la seguridad de que tu profesor también ha buscado en Google «ensayo de 9° grado sobre la luz verde al final del muelle en El gran Gatsby» y conoce todos los ensayos que están disponibles). Es posible que se te pida que utilices un programa como Turnitin o Grammarly para comprobar si hay contenido copiado.

El plagio consiste en utilizar ideas tomadas directamente de una fuente externa sin acreditarlas. He aquí algunos ejemplos:

- Parafrasear una fuente cambiando la redacción específica pero copiando la idea principal
- Utilizar el argumento de una fuente como tesis propia
- Hacer referencia a una idea de una fuente en tu trabajo sin reclamarla como propia, pero olvidando citar la fuente correctamente
- Redactar un artículo con la misma estructura argumental básica que una fuente, aunque utilices ejemplos diferentes y lo escribas con tus propias palabras

Asegúrate de anotar de dónde sacas la información a medida que vas investigando. La mejor manera de gestionar las fuentes es anotar todas las que leas de inmediato, independientemente de que hayas empezado a escribir tu trabajo o no. No hay mayor pérdida de tiempo que volver a averiguar qué fuentes recuerdas haber utilizado. Haz tu bibliografía sobre la marcha; no intentes rehacerla al final del proyecto.

Tomar las riendas de tu aprendizaje: el cielo es el límite

Más allá de la información infinita, Internet también permite un acceso sin precedentes a expertos. ¿Cuándo se ha podido buscar y encontrar la información de contacto de premios Nobel, profesores universitarios o escritores famosos? Recurrir a los expertos puede ser una forma poderosa de tomar el control de tu propio aprendizaje.

Si estás trabajando en un proyecto y descubres a personas que están investigando sobre ese tema, a menudo es posible que te puedas poner en contacto directamente con ellos para hacerles preguntas. No siempre te responderán, pero puede que lo hagan si escribes un correo electrónico breve, respetuoso y específico con tus preguntas. Además de los expertos, hay muchas herramientas de aprendizaje que pueden ofrecerte nuevas formas de aprender e interactuar con las asignaturas que estás estudiando en la escuela. ¿Tienes problemas con las matemáticas? Puedes buscar el tema que te da problemas en Khan Academy. YouTube ofrece millones de vídeos de aprendizaje que cubren casi todo lo que aprenderías en un plan de estudios estándar de secundaria. Puedes complementar lo que aprendes en tu propia escuela con información de muchas fuentes diferentes.

Internet también ofrece acceso a herramientas de aprendizaje que pueden adaptarse mejor a tu estilo particular de estudio. Si tienes problemas con las tareas escolares y no parece que recibas el apoyo que necesitas de tu centro educativo, puedes buscar ayuda en Internet. Students LEAD es uno de esos recursos. Puedes registrarte y utilizar sus herramientas para evaluar tu estilo de aprendizaje. El sitio web te ofrecerá tácticas específicas para estudiar y aprender en función de tus puntos fuertes y débiles.

Puedes encontrar más información sobre Khan Academy y Students LEAD en la sección «Recursos de aprendizaje». Aprender está más bajo tu control que nunca antes en la historia, en gran parte gracias a Internet. El truco está en aprovechar al máximo todo lo que la tecnología te ofrece sin dejar que se adueñe de tu día. Tú eres el responsable de tu tiempo: tú eliges.

¡Decide tratar la tecnología como una herramienta útil y estarás bien encaminado hacia un enorme éxito!

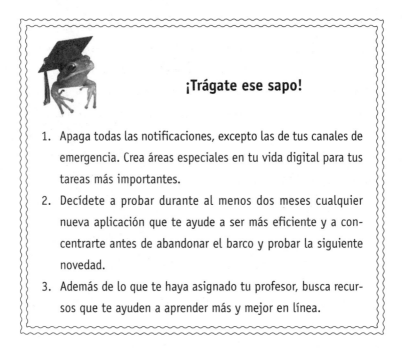

¡Trágate ese sapo!

1. Apaga todas las notificaciones, excepto las de tus canales de emergencia. Crea áreas especiales en tu vida digital para tus tareas más importantes.

2. Decídete a probar durante al menos dos meses cualquier nueva aplicación que te ayude a ser más eficiente y a concentrarte antes de abandonar el barco y probar la siguiente novedad.

3. Además de lo que te haya asignado tu profesor, busca recursos que te ayuden a aprender más y mejor en línea.

22
Practicar la procrastinación creativa

Saca tiempo para realizar tareas importantes todos los días.
Planifica tu carga de trabajo diaria con antelación.
Selecciona las pocas faenas pequeñas que deben hacerse
inmediatamente por la mañana. A continuación,
pasa directamente a las tareas más importantes
y prosigue con ellas hasta completarlas.

BOARDROOM REPORTS

La procrastinación creativa es una de las técnicas de rendimiento personal más eficaces. Puede cambiar tu vida. Sí, has leído bien. La procrastinación, cuando se emplea intencionadamente, puede ser una buena estrategia.

El hecho es que no puedes acometer todo lo que tienes que hacer. No te queda otra que procrastinar algo. Por lo tanto, aplaza deliberada y conscientemente pequeñas tareas. Pospón el tragarte sapos más pequeños o menos feos.

Trágate los más grandes e intimidantes antes que cualquier otra cosa. Haz primero lo peor.

Te contaré un secreto: todo el mundo procrastina. La diferencia entre las personas de alto rendimiento y las de bajo rendimiento está en aquello en lo que deciden procrastinar.

Ya que debes posponer trabajo de todos modos, decide hoy procrastinar las actividades de poco valor. Proponte aplazar o eliminar aquellas labores que no aportan gran cosa a tu vida en ningún caso. Deshazte de los renacuajos y céntrate en los sapos.

Prioridades vs. posterioridades

Este es un punto clave. Para establecer las prioridades adecuadas, también hay que aclarar las posterioridades. Una prioridad es algo de lo que se hace más y antes, mientras que una posterioridad es algo que se hace menos y más tarde, si es que se hace.

> **Regla:** Puedes tener tu tiempo y tu vida bajo control solo en la medida en que interrumpas las actividades de menor valor.

Una de las palabras más poderosas en la gestión del tiempo es ¡«no»! Dilo con educación y claramente para que no haya malentendidos. Usa la palabra regularmente, como parte normal de tu vocabulario de gestión del tiempo. Puede que no puedas decir que no a una tarea escolar, pero hay muchas cosas en tu vida a las que puedes negarte. Si alguien te pide que te unas a otro club después de clase, puedes decir que no. Puedes hacer lo mismo con las actividades sociales, sobre todo si son algo que realmente no vayas a disfrutar pero podrías llegar a sentirte presionado a participar por la insistencia de tus compañeros.

A Warren Buffett, uno de los hombres más ricos del mundo, le preguntaron una vez el secreto de su éxito. Respondió: «Es sencillo. Simplemente digo que no a todo lo que no es absolutamente vital para mí en ese momento».

Niégate a todo lo que no suponga un uso valioso de tu tiempo y de tu vida. Di que no con suavidad pero con firmeza, para evitar aceptar algo que realmente no crees que sea lo mejor para ti. Dilo pronto y dilo a menudo.

Recuerda que no tienes tiempo libre; solo existe el tiempo y lo que decides hacer con él.

Para hacer algo nuevo, hay que completar o dejar de hacer algo viejo. A esto se le llama «coste de oportunidad»: el precio de hacer algo es no hacer otra cosa. Recoger significa dejar caer.

La procrastinación creativa es el acto de decidir de forma reflexiva y deliberada las cosas exactas que no vas a hacer ahora mismo, si es que alguna vez las haces.

Procrastinar a propósito

La mayoría de las personas procrastinan de forma inconsciente. Lo hacen sin pensar en ello. Como resultado, posponen las tareas grandes, valiosas e importantes que pueden tener consecuencias significativas a largo plazo. Debes evitar esta tendencia común a toda costa.

Tu trabajo consiste en procrastinar deliberadamente las tareas de poco valor para tener más tiempo para aquellas que pueden marcar una gran diferencia en tu vida y en tu trabajo escolar. Revisa continuamente tus obligaciones y actividades para identificar las faenas que consumen tiempo y tienen poco valor y que puedes abandonar sin ninguna pérdida real. Esto debería ser una práctica continua para ti, una que nunca termina.

Empieza hoy mismo a habituarte a la procrastinación creativa. Establece postergaciones donde y cuando puedas. Solo esta decisión puede permitirte tener tu tiempo y tu vida bajo control.

¡Trágate ese sapo!

1. Practica el «pensamiento basado en cero» en todos los aspectos de tu vida. Pregúntate continuamente: «Si no estuviera haciendo esto ya, sabiendo lo que ahora sé, ¿empezaría a hacerlo de nuevo hoy?». Si es algo que no empezarías de nuevo en el presente, sabiendo lo que ahora sabes, es un candidato principal para que lo abandones o uses con ello la procrastinación creativa.

2. Examina cada una de tus actividades escolares y extraescolares y evalúalas en función de tu situación actual. Selecciona al menos una actividad para abandonarla inmediatamente o, al menos, para posponerla deliberadamente hasta que hayas alcanzado tus objetivos más importantes.

Conclusión:
Conectándolo todo

La clave de la felicidad, la satisfacción, el gran éxito y la maravillosa sensación de eficacia y poder personal se encuentra en que desarrolles el hábito de tragarte tu sapo a primera hora de la mañana cada día. Afortunadamente, se trata de una habilidad que se puede aprender mediante la repetición. Así, cuando desarrolles el hábito de empezar tu tarea más importante antes que cualquier otra cosa, tendrás el éxito asegurado.

Este es un resumen de todas las herramientas concretas que este libro presenta para ayudarte a dejar de procrastinar y hacer más cosas con mayor rapidez. Repasa estas reglas y principios con regularidad hasta que estén firmemente arraigados en tu forma de pensar y actuar, y tu futuro estará garantizado.

1. **La autoestima:** En primer lugar, proponte conquistar tus miedos. A continuación, identifica tus valores y luego vive rigiéndote por ellos cada día. Por último, desafíate a salir de tu zona de confort.

2. **Responsabilidad personal:** Recuerda siempre que eres responsable del 100 % de cada acción que tomes. No puedes controlar las acciones o percepciones de los demás, pero siempre tienes dominio sobre tus propias reacciones.

3. **Metas:** No hay nada más poderoso que unos objetivos claros y puestos por escrito. Escribe siempre tus metas utilizando la fórmula de las tres P en lugar de guardarlas en la cabeza. Especifica siempre un plazo razonable para alcanzar tus objetivos.

4. **Configurar el horario:** Decide exactamente lo que quieres. La claridad es esencial. Escribe tus metas antes de empezar.

5. **Planificar cada día por adelantado:** Piensa sobre el papel. Cada minuto que dediques a la planificación puede ahorrarte cinco o diez minutos en la ejecución.

6. **Estudiar estratégicamente utilizando períodos de tiempo largos y cortos:** Elige lo que vas a estudiar en función del tiempo que tengas: decide relegar las tareas de memorización para la sala de estudio y trabaja en los proyectos grandes cuando tengas grandes bloques de tiempo para poder concentrarte durante períodos prolongados.

7. **Aplicar la regla del 80/20 para todo:** El 20 % de tus actividades supondrá el 80 % de tus resultados. Concentra siempre tus esfuerzos en ese 20 % superior.

8. **Dividir la tarea en partes:** Fracciona las tareas grandes y complejas en trozos minúsculos, y luego comienza con una pequeña parte de la tarea para calentar motores.

9. **Considerar las consecuencias:** Tus tareas y prioridades más importantes son las que pueden tener las consecuencias más graves, en tu vida o en tu trabajo escolar, ya sean positivas o negativas. Céntrate en ellas por encima de todo.

10. **Ir paso a paso con tus metas:** Puedes llevar a cabo los proyectos más grandes y complicados si los realizas paso a paso.

11. **Motivarse para pasar a la acción:** Sé tu propio animador. Busca lo bueno en cada situación. Céntrate en la solución y no en el problema. Sé siempre optimista y constructivo.

12. **Manejar individualmente cada tarea:** Establece prioridades claras, comienza inmediatamente con tu objetivo más importante y trabaja sin parar hasta que el trabajo esté completado al 100 %. Esta es la verdadera clave del alto rendimiento y la máxima productividad personal.

13. **Desarrollar un sentido de la urgencia:** Acostúmbrate a actuar con rapidez en tus tareas clave. Hazte conocer como alguien que hace las cosas rápido y bien.

14. **Poner la presión en ti mismo:** Imagina que tienes que salir de la ciudad durante un mes, y trabaja como si tuvieras que terminar tu tarea principal antes de irte.

15. **Aprender a aprender:** Cuanto mejor se te dé el aprendizaje en sí mismo, más rápido podrás aprender todo el material que necesitas para la clase. Cuanto más conozcas y domines tus habilidades clave, más rápido podrás estudiar todo el material que necesitas para la clase. Cuanto mejor seas con tus habilidades clave, más rápido empiezas tus deberes y más pronto los

terminas. Define exactamente qué es lo que se te da muy bien, o en lo que podrías ser muy bueno, y pon todo tu empeño en hacer esas cosas específicas muy, muy bien.

16. **Identificar tus principales limitaciones:** Determina los cuellos de botella o embudos, internos o externos, que fijan la velocidad a la que alcanzas los objetivos más importantes, y céntrate en solucionarlos.

17. **Centrarse en las áreas de resultados clave:** Identifica los resultados que tienes que obtener sí o sí para tener éxito, y trabaja en ellos durante todo el día.

18. **Prepararse a fondo antes de empezar:** Ten a mano todo lo que necesitas antes de comenzar. Reúne todos los papeles, la información, las herramientas, los materiales de trabajo y los registros que puedas necesitar para poder empezar y seguir adelante sin pausas.

19. **Centrar tu atención:** Ponle fin a las interrupciones y distracciones que interfieren con la realización de tus tareas más importantes.

20. **La tecnología es un dueño terrible:** Reclama tu tiempo de las garras de las esclavizantes adicciones tecnológicas. Aprende a apagar a menudo los dispositivos y a dejarlos apagados.

21. **La tecnología es un maravilloso sirviente:** Utiliza tus herramientas digitales para enfrentarte a lo que es más importante y protegerte de lo que es menos importante.

22. **Practicar la procrastinación creativa:** Dado que no puedes hacerlo todo a la vez, debes aprender a posponer deliberadamente aquellas tareas que tienen poco valor y así tener tiempo suficiente para hacer las pocas cosas que realmente cuentan.

Decídete a practicar estos principios cada día hasta que se conviertan en algo natural para ti. Con estos hábitos de gestión personal como parte permanente de tu personalidad, tu éxito futuro será ilimitado.

¡Solo hazlo! ¡Trágate ese sapo!

Notas

Capítulo 9

1. Andrew Blackman, «*The Inner Workings of the Executive Brain*», Wall Street Journal, 27 de abril de 2014.

Capítulo 15

1. Pooja K. Agarwal y Patrice M. Bain, «*Powerful Teaching: Unleash the Science of Learning*» (San Francisco: Jossey-Bass, 2019).

Capítulo 17

1. Powerful Teaching, «*Four steps to metacognition*», 2019, https://www.powerfulteaching.org/resources
2. John Dunlosky y Janet Metcalfe. «*Metacognition*». (Thousand Oaks, CA: Sage Publications, 2009).

Capítulo 19

1. Leon Watson, «*Humans Have Shorter Attention Span Than Goldfish, Thanks to Smartphones*», Telegraph, 15

de mayo de 2015, http://www.telegraph.co.uk/
science/2016/03/12/humans-have-shorter-attention-
span-than-goldfish-thanks-to-smart/

2. Pam A. Mueller y Daniel M. Oppenheimer.
   «*The pen is more powerful than the keyboard*»:
   Advantages of Longhand over Laptop Note Taking»,
   Psychological Science 25 no. 6 (abril de 2014): 1559-
   1168, https://doi.org/10.1177/0956797614524581

Capítulo 20

1. Elizabeth Segran, «*What Really Happens to Your Brain
   and Body during a Digital Detox*», Fast Company, 30
   de julio de 2015, http://www.fastcompany.
   com/3049138/most-creative-people/what-really-
   happens-to-your-brain-and-body-during-a-digital-detox

2. Victoria Rideout y Michael B. Robb, *The Common
   Sense Census: Media Use by Tweens and Teens*
   (San Francisco: Common Sense Media, 2019),
   https://www.commonsensemedia.org/sites/default/files/
   uploads/research/2019-census-8-to-18-full-report-
   updated.pdf.

Sobre los autores

Brian Tracy es uno de los principales conferenciantes empresariales del mundo actual. Ha diseñado y presentado seminarios para más de 1.000 grandes empresas y más de 10.000 pequeñas y medianas empresas en 75 países sobre temas de liderazgo, gestión, venta profesional, reinvención del modelo de negocio y mejora de los beneficios. Se ha dirigido a más de 5.000.000 de personas en más de 5.000 charlas y presentaciones en todo el mundo. En la actualidad habla a 250.000 personas al año. Sus programas de formación digital, rápidos y entretenidos, se imparten en 38 países.

Brian es un autor superventas. Ha escrito más de 80 libros que han sido traducidos a 42 idiomas, entre los que se encuentran: *¡Trágate ese sapo!*, *¡Bese ese sapo!*, *Metas* y *Máxima eficacia*. Está felizmente casado, tiene cuatro hijos y cinco nietos.

Es el presidente de Brian Tracy International y vive en Solana Beach, California. Se puede contactar con él en briantracy@briantracy.com.

Anna Leinberger es escritora, editora y ex educadora. Además de participar en proyectos ocasionales en proyectos de coescritura, adquiere y edita libros sobre liderazgo y empoderamiento de la mujer, comunicación, feminismo, la no violencia, y metodologías de liderazgo no tradicionales. Entre sus autores se encuentran galardonados pacificadores, expertos antiterroristas, ejecutivos de la tecnología y autores superventas del New York Times.

Comenzó su carrera como profesora en la Kings Academy, el primer internado de Oriente Medio, en Madaba (Jordania). Posteriormente, enseñó escritura en Argentina y obtuvo su credencial de maestra de California mientras enseñaba para Kaplan International antes de dedicarse a la edición de libros.

Fuera del trabajo, forma parte de la junta del Centro Metta para la No Violencia, navega por la ventosa bahía de San Francisco y viaja todo lo que puede. Está casada con un arqueólogo náutico y vive en Berkeley, California, con Fey, su extremadamente presumido gato.